不用每天寫也有效！

改變人生的3分鐘書寫

成功案例不斷！

拿起筆開始寫，願望就能成真

本橋平祐
井上由香里 著

林慧雯 譯

解決煩惱與不安，成為更好的自我

大家好，非常感謝您從為數眾多的書籍中選擇了本書。這本書是藉由使用手帳記事，讓人在解決目前的煩惱與不安的同時，能自然而然成為理想中的自我及目標中的自我。

在說明這麼做的好處之前，我們想要先和大家聊聊「即將會產生的改變」。雖然有點唐突，不過我們想問問大家，是否曾有過下列的經驗呢？

- 即便想改變現狀，卻整天忙不停，時間一轉眼就流逝了。
- 雖然覺得再這樣下去不行，卻不知道自己該怎麼做才好。

- 找不到自己想做的事與強項，無法往前邁進。
- 總會拿旁人與自己相比，覺得自己真沒用。
- 想要起身行動，卻總是漫無目的地看電視、滑手機，事後懊悔不已。
- 總是想要尋找「正確答案」，為此感到疲憊不堪。

之所以會如此悶悶不樂，正因為你是一位「認真又努力的人」。就是因為心裡很想好好努力，才會產生數不盡的煩惱。再加上，如果身邊都是些每件事都能做到無懈可擊，或是好處占盡的人，時不時就被那些只顧自己的人要得團團轉……要是每天都過著這樣的生活，當然會深深感受到彷彿只有自己過得不順遂，「自我肯定感」逐漸消失也不足為奇。

應該有許多人都獨自懷抱著這樣的煩惱與不安吧！

那麼，究竟要怎麼做才能解決這些煩惱與不安呢？答案就在本書的書名——改變人生的三分鐘書寫。

所謂「改變人生的三分鐘書寫」，指的是「透過書寫，展現自己原本擁有的感受與情緒，活出理想中的自己」。

其實我們所有人都在遠超出自己所能感受到的範圍內，不知不覺封閉了自我的感受與情緒。因為，隨著慢慢長大成人，同時也學會察言觀色的能力。

自己原本擁有的感受與情緒，已經不再是「想要維持的模樣」、「想要成為的模樣」，而是成了「該這樣做」、「該那樣做」，各式各樣的「應該」彷彿就像是塞子一樣，堵住了你原本純淨的心靈本質。

說不定你現在心裡認為的「想要維持的模樣」、「想要成為的模樣」，也許已被許多「應該」所遮蓋，與初衷截然不同了。

我們在這本書中將這樣的狀態定義為「偏離理想生活」。一旦偏離理想生活，就很容易陷進自己什麼都做不好的泥淖裡，總忍不住跟旁人比較，造成自我肯定感日漸低落。

屏除那些「該做的事」、找回原本的自己，就是前往理想生活的首要步驟。先屏除「該做的事」後，再誠實面對「理想自我」、「目標自我」，慢慢培養自己的感性吧！

所謂的「理想自我」，指的是在生活中珍惜原本的自己，不受一般常識、旁人眼光，以及想要受到別人肯定的拘束。另一方面，所謂的「目標自我」，指的則是建構出在生活中珍惜原本的「理想自我」，在未來成為目標中的自我。

藉由三分鐘書寫，便能在毫不勉強的情況下，自然而然變成理想自我、目標自我，舒服自在地生活。

在本書中，將會解說平時總是認真又努力的人，該如何面對容易陷入的煩惱與不安，並彙整出正確利用「三分鐘書寫」前往理想生活的方法。只要一點一滴按照本書的方法進行，你的人生一定會產生改變。同時還能善待自己，維持在自然又舒服的狀態。

從了解、接受到改變自己

現在請容我們重新自我介紹，我們是本橋平祐與井上由香里，是「實現自我」公司的成員，每天都以「打造讓人感到幸福的社會」為目標而努力。

為了讓能感受到幸福的人越來越多，我們提供下列的服務：

- 了解自己
- 接受自己
- 改變自己

換句話說，就是透過我們的活動，幫助大家實現了解自己↓接受自己↓改變自己的三個階段。

正如同前文所述，認真又努力的人總是有特別多的煩惱，為了解決這些煩惱，我們每天都在提供指導與諮商。可是，一個人一次頂多顧及到數十人至一百人左右；而且，如果不是在指導與諮商的期間，便無法直接提供協助。有些人即使沒有持續受到協助，也能在過了指導與諮商的期間後持續改變自己，但也有些人過了指導與諮商的期間後，仍需要我們持續的陪伴。

此外，就像大家常在社群網站上看到的那樣，有些人即使經歷了急遽的變化，也可以如魚得水，但也有些人在面對快速的變化時會感到痛苦不堪。如果是後者，可能就比較適合慢慢地做出改變。

為了解決這些人生課題，我們設計出一本名為《pure life diary》的手帳。只要將我們的經驗與知識化為「有形」，便能為更多人解決煩惱，讓人生過得舒服又自在，感受到幸福。我們就是源自於這樣的初衷，開始設計手帳。

這本手帳的主旨是——讓認真又努力的人培養自己的感性，自然而然變成理想自我、目標自我。手帳的目的並不在於管理日程，而是透過每天書寫三分鐘，讓人自然而然變成理想中的自己。

本書將《pure life diary》中囊括的理論，彙整成每個人都能輕鬆運用的知識。儘管如此，數位化的腳步日新月異，網路上有非常多方便的工具可使用，也許有些人已不再使用紙本手帳記事。不過，應該也有些人是無論如何，都還是想要使用喜歡的手帳吧！

如果你是屬於後者，請務必要試著運用《pure life diary》中所倡導的「了解自己、接受自己、改變自己」理論，自然而然改變自我。

此外，我們之所以會著手完成本書，契機源自於《pure life diary》的使用者。大家的感想回饋正是推動我們前進的動力。當我們推出手帳後，每天都收到許多乍看之下不太像是感想的回應：

「能自然而然善待自己了。」
「每天都能意識到對自己而言，真正重要的事。」
「一回神才發現，已經以舒服自在的步調生活。」
「現在的我，變得可以在生活中培養感性了。」
「我慢慢變得有自信了。」
「我們夫妻一起使用，變得更能理解對方。」
「原本從未持續使用手帳的我，現在變得可以持續使用了。」

正因為我們希望可以把如此積極的改變傳遞給更多人，於是努力推動了這本書的誕生。

花三分鐘養成習慣，讓自己越來越好

這本書與《pure life diary》中囊括的理論，是以「認知科學」為基礎設計而成。簡單來說，認知科學包含了腦科學、心理學、語言學等，屬於大腦與心理構造的領域。本書是以科學見解為基礎建構而成，並非只是單純呼籲大家寫下好事、反省壞事，或是好好努力、養成習慣而已。

不僅如此，本書也奠基於本橋平祐的專業領域——指導與諮商，以及井上由香里的專業領域——諮商，以實際經驗為基礎，深入研究下列事項並採納於本書的方法之中。

- 什麼樣的言語可以直接連結到行為？
- 什麼樣的言語比較容易寫下來？
- 什麼樣的言語可讓人變得善待自己？

●什麼樣的過程容易實踐？

●什麼樣的架構比較好？

●什麼樣的言語及方法，容易造成挫折？

●什麼樣的言語會讓自己鑽牛角尖、造成傷害？

接下來，再藉由下列三步驟，讓自己轉變為理想自我以及目標自我。

STEP 1▼了解自己。

STEP 2▼接受自己。

STEP 3▼自然而然產生改變。

另外，本書中也包含能讓人面對自我價值觀，並深入了解自己的各種練習。透過這些練習，就能找出對自己而言，真正重要的價值觀及強項，找回真正的自己。同時，我們也會傳授給大家，能透過小習慣，慢慢轉變為理想自我、目標自我的方法。

雖然說是養成習慣，但並沒有把目標放在持續寫手帳上。就算有幾天空白也無所謂，因為我們認為真正重要的是，人生是否有轉變成對自己而言，最舒服自在的模樣。

世界上有非常多種類型的手帳、也有各種養成習慣的方法，科技的進步更是日新月異。但是，無法持續寫手帳、無法養成習慣的人們所持有的煩惱，卻未獲得解決。我們由衷希望本書中介紹的想法，可以為大家在養成習慣上帶來些許靈感。

一天只要花三分鐘就能養成習慣，即使沒有每天進行也沒關係。

「難度很低，但實際執行後卻非常深奧。」這正是《改變人生的三分鐘書寫》所提倡的方法。

拿起筆開始寫，打造幸福人生

在漫長的人生中，總會有無法肯定自己的時刻，偶爾也會煩惱人生似乎停滯不前。但是沒關係，因為世界上絕對沒有毫無強項的人，也不可能永遠都找不到目標。

人生只有一次，如果在人生結束前可以感覺到「我的人生很幸福，感謝所有的一切」，那麼一定可以帶著溫暖的心情，迎接人生最後的日子吧！

請大家一起運用書中提供的方法進行練習，一點一滴改變每天的意識。只要這樣做，就能察覺到真正的心情與強項，總有一天可以達成自己想要做的事，實現夢想，這麼一來，一定會發生各種變化。順利前往理想生活之後，便能自然而然感受到幸福。

理想自我與目標自我，可以由自己創造。就算沒有學會新的一技之長，人生也能有所改變。現在，一起實踐能改變人生的三分鐘書寫吧！

本橋平祐
井上由香里

目次

第3章 STEP 2 ▼ 接受自己——找出心底渴望想做的事

第4章 STEP 3▼自然而然產生變化——讓目標無痛融入生活

第5章 沒有每天寫也無妨，重點是「自我的變化」

本書的使用方法

① 先做完書中的練習，找到想做的事

為了幫助讀者找到目標，第二章開始附有許多練習，建議讀者先做完練習，找到內心真正想做的事後，再填寫頁 152 的「pure life 圓餅圖」，立下目標。之後可參考頁 176 的說明，在手帳中寫下適合的 pure life 密碼（小目標）。

② 掃描 QR 碼，可下載書中的各式練習

包括頁 48「pure life check 診斷」、頁 62「價值觀的練習」、頁 94「情感練習」、頁 120「找出心底渴望的練習」、頁 131「了解自身強項的練習」及頁 152「pure life 圓餅圖」，可掃描下列 QR 碼後自行下載列印。「pure life check 診斷」與「pure life 圓餅圖」建議每三個月重新填寫一次，「價值觀的練習」及「了解自身強項的練習」則可每半年到一年間重新填寫，便能更深入感受到自己的改變。**建議大家一定要列印出來，黏貼在手帳中並實際填寫，才能感受到自己的變化。**

【讀者限定】練習整理

第 1 章

讓手帳成為夢想筆記，而非用來「管理日程」

列出待辦事項，反而容易降低自我肯定感

只要提到手帳，相信很多人都會立刻想到要管理日程。但是，「管理日程」這件事其實會造成自我肯定感下滑，大家是否感到很驚訝呢？

我們在設計手帳的過程中，聆聽了許多人的心聲、也蒐集了很多使用者的意見，我們發覺，真的有許多人的自我肯定感正逐漸下滑。這究竟是怎麼一回事呢？

一般的手帳都是將自己預計要做的事項填入行事曆中，再按照計畫一一實行。大家都認為手帳的用處是列出待辦事項，再確實做到每一件事。像這樣的思考模式，我們稱之為「TO DO思考」。但是，TO DO思考卻具有很大的問題。

因為，TO DO思考是從「該做的事」為出發點的思考模式。這樣的思考模式會讓我們不由自主地檢視：待辦事項全都處理完畢了嗎？也就是說，衡量的基準在於

「有沒有做好」。將待辦事項全部處理完畢是理所當然，唯有費盡千辛萬苦、完美達成後，才能到達沒有扣分也沒有加分的零分。只要其中一項沒做到，就會立刻帶來負面的觀感。總而言之，ＴＯＤＯ思考是以扣分為出發點的思考模式。

在ＴＯＤＯ思考中包含了設定目標、為達成目標而採取的行動，以及自我管理。因此，這樣的思考模式會讓人對自己越來越嚴格。

就算已經完成許多待辦事項，但其中只要有一項沒有達成，就會讓人產生罪惡感，使得自我肯定感下滑。這也會讓人每天都被待辦事項追著跑，忽視自己的感受。

此外，下列幾項習慣也是讓人陷入ＴＯＤＯ思考的原因：

- 本來就認為「事情一定要現在做才行」，自我肯定感低落。
- 習慣從別人的評語或犧牲奉獻中，找出自己的存在意義。
- 認為努力本來就是應該的，自己的感受變得越來越遲鈍。
- 沒有習慣反省自己、與自己對話。
- 以為非得要回答出「正確答案」不可。

● 無法自覺到內心的難過及痛苦。

大家是否有看到符合自己的描述呢？向來苦於無法持續使用手帳的人，也許就是因為在不知不覺中用了對自己太嚴格的扣分思考所致。在ＴＯ ＤＯ思考的模式下，就連無法持續使用手帳，也成了責怪自己的原因之一。結果就是導致自我肯定感越來越低落。

「ＴＯ ＢＥ思考」才是善待自己的方法

但手帳並不是用來責怪自己、讓自己感到痛苦的物品，而是要讓人生變得越來越好的工具。那麼，究竟該怎麼做才能跳脫出「ＴＯ ＤＯ思考」的惡性循環呢？

答案很簡單，那就是拋開管理日程的執念。不要從「該做什麼事」的角度思考，而是要從「理想自我、目標自我」的角度思考。我們將這樣的思考方式稱之為「ＴＯ ＢＥ思考」。

ＴＯ ＢＥ思考是以「是否有重視自己的情感與感性」為衡量基準，而不是「待辦事項有沒有處理完畢」。也就是說，從有沒有好好珍惜自己為出發點來思考。

從理想自我、目標自我為出發點的ＴＯ ＢＥ思考，是屬於加分的思考模式，也是讓人能夠善待自己的思考模式。從零分開始計算，只要做了任何一件可以讓自己更趨於理想自我的行為，就可以往上加分。

在ＴＯ ＤＯ思考的模式下，就算十個待辦事項已經完成了八個，也會讓人不由自主把焦點放在剩下的兩個未完成事項上，使得自我肯定感降低，容易讓人產生否定自我的想法。但另一方面，如果採用ＴＯ ＢＥ思考，就算只完成了三個待辦事項，也能用加分的方式讓自己感覺到「我已經完成了三項重要的事」，這樣的思考模式不僅能更善待自己，也更容易提升自信。

另外，就算同樣是列出待辦事項，相較於ＴＯ ＤＯ思考是列出「該做的事」，ＴＯ ＢＥ思考則是列出「想做的事」。在列出想做的事的過程中，當然會令人感到興奮不已，而且即便是已經達成，也依然能帶來積極正向的感受，這麼一來也更容易感受到幸福。

TO DO 思考及 TO BE 思考的差異

	TO DO 思考	TO BE 思考
思考模式	從該做的事為出發點思考	從理想自我、目標自我為出發點思考
衡量基準	待辦事項都處理完畢了嗎？（都好好做完了嗎？）	有好好珍惜自己的情感與感性嗎？（是否重視自己）
衡量方式	扣分法	加分法
實際執行的事項	設定目標 為達成目標而採取行動 管理自己	設定 pure life 密碼 為實現理想而採取行動 信任自己
改變	想要好好努力改變自己	自然而然慢慢有所改變
心靈狀態	嚴以律己	善待自己

不僅如此，相較於ＴＯ ＤＯ思考是為了設定目標與達成目標而採取行動，「ＴＯ ＤＯ思考」則是為了實現「理想自我、目標自我」而採取行動，換言之就是把讓自己可以更接近理想的行為，設定為「pure life 密碼」。這麼一來，便能讓人以信任自己的心態迎接每一天，而非每天都要嚴格管理自己（關於「pure life 密碼」會在第四章中詳細說明）。

對於忙碌的現代人，以及認真又努力的人而言，最重要的就是要擺脫會讓自我肯定感日漸下滑的「ＴＯ ＤＯ思考」，將思考模式轉換成「ＴＯ ＢＥ思考」。

採取「TO BE思考」後帶來的變化

一旦採取「TO BE思考」後，具體而言會有什麼樣的變化、依照什麼樣的順序產生呢？

首先要告訴大家的是，TO BE思考並不是那種會讓明天的人生突然變得充滿粉紅泡泡的魔法。不過，即使沒有拚命努力，也可以按照自己的步調，自然而然地慢慢產生改變。

話說回來，劇烈的變化對我們而言未必是一件好事。因為，當一個人拚命努力想要盡快帶來改變時，也可能會帶給自己很大的負擔，變得對自己越來越嚴格。

所以，我們希望大家可以試著按照pure life diary理論，將「my pure life」，也就是理想自我與目標自我放在重心，依照下頁的三個步驟，慢慢為自己帶來改變。

STEP 1

了解自己——讓 my pure life 逐漸明朗

首先，請將目光放到自己的內在，讓心底的願望與初衷浮出表面。

平時越是認真的人、越會觀察周遭氛圍，讓自己配合大家，而原本的感受反而會變得越來越遲鈍。若是在這樣的情況下思考自己的夢想與目標，也很可能會在不知不覺中，將夢想與目標設定為「大家都嚮往的事情」、「普遍被大家欣賞的事物」。也許有些人就算努力思考，腦海中還是一片空白。所以，第一個步驟就是要請大家誠實面對自己的心，探究真正想要維持的模樣，以及真正想要成為的模樣。

具體的方法

- 在一天結束後，寫下當天的心情並細細感受。
- 進行價值觀練習，將心裡想要好好珍惜的事情化為言語。
- 感覺一片茫然時，進行情感練習，整頓心情。

STEP 2

接受自己——勾勒 my pure life 的藍圖

了解了自己的心情後，接下來就要掌握自己的「強項」，並提升自我效能，也就是「想要去做某些事的力量」。這麼一來就能完整接受自己的價值觀與初衷，勾勒出理想自我與目標自我的藍圖。

與此同時，為了讓自己更接近 my pure life，也要決定好「要放下的事物」，讓心靈留有餘裕。

具體的方法

- 藉由了解自我強項的練習，培養出「想要去做某些事的力量」。
- 依照不同領域，勾勒出理想自我與目標自我的藍圖。
- 藉由放下的練習，決定自己不必做哪些事。

STEP 3

自然而然產生變化——每天都意識到 my pure life

最後，為了實現 my pure life，要決定好每天的目光焦點，我們稱之為 pure life 密碼。藉由設定 pure life 密碼，讓自己更有意識地留意真正重要的事物，可以改變使用時間的方式，自己也會自然而然產生轉變。一天只要三分鐘即可，為自己留一點時間，好好面對 pure life 密碼吧！

具體的方法

- 決定每個月的主題，到了月底再進行回顧。
- 每天都寫下重要的事物，加強自我的意識。

不過，每個人必須採取的步驟、比較容易進行的方法都不盡相同，並沒有絕對的正確答案。就如同「一樣米養百樣人」這句俗語一樣，每個人的感受與個性都不同，因此適合的方式當然也因人而異。究竟面臨不同情況的人需要哪些步驟，接下來會產生什麼樣的變化呢？我們透過分析手帳使用者的心聲，整合成下頁的表格供大家參考。

首先，當你感受到「活著很辛苦」、「心靈的平衡容易瓦解」，也就是心靈的能量過低時，最重要的是要先「療癒自己」，而不是開始去做某件事。請從STEP❶開始著手進行，這個步驟只要自己一個人就可以做到，請先記錄在日記上吧！

如果只在自己的頭腦裡處理情感，整個人會變得越來越悲觀消極。若能將自己的情感書寫出來，便能排除負面情緒，將茫然煩躁的感覺一掃而空，也更能站在客觀的角度來看待自己。

在寫日記時，建議大家找出「今天發生的好事」或「今天值得感謝的事」，並寫在日記裡。在一整天的尾聲，回想當天正面積極的事情後再就寢。只要能養成這個習慣，大腦就會自然而然在日常生活中，尋找讓自己感覺良好的事物，這麼一來自己也能變得更正面積極，感受日常的事物。

接下來，如果你是「雖然想改變些什麼，但不知道要怎麼做才好」、「儘管

依情況不同，達成理想生活需要做的事

心靈的能量	目前的情況	需要做的事	建議要做的事	產生的改變
高	• 希望培養感性 • 希望增加使用右腦的時間	• 培養感性 • 放下	• 培養感性 • 決定要放下哪些事物	• 越來越能感受到幸福
	• 希望能讓人生更加速前進	• 設定目標 • 為了未來擠出時間 • 了解自己	• STEP 2 • STEP 3	• 在想做的事情之中，可以做到的事越來越多 • 實現想做的事
中	• 雖然還算滿意自己的人生，不過很容易被時間追著跑	• 設定目標 • 為了未來擠出時間 • 放下	• STEP 2	• 可以把時間花在重要的事情上 • 實現想做的事
中低	• 雖然能採取行動，但卻無法收到成效	• 了解自己／養成習慣	• STEP 1 • STEP 2	• 可以專注在重要的事情上 • 感覺自己可以做得到
	• 儘管有想做的事，卻無法採取行動、無法持續下去	• 了解自己／養成習慣 • 將重要的事濃縮成一項 • 放手	• STEP 1 • STEP 2	• 在想做的事情之中，可以做到的事越來越多 • 可以變得更率直
	• 雖然想要改變某些事情，卻不知道自己想做什麼	• 了解自己	• STEP 1	• 越來越能看出自己想做什麼事 • 漸漸能了解要重視自己
低	• 感覺活著很辛苦 • 心靈的平衡容易瓦解	• 療癒自己	• STEP 1	• 茫然感一掃而空 • 轉換成更積極的認知 • 可以客觀看待自己，變得更率直

有想做的事，卻無法採取行動」、「雖然能採取行動，但卻無法收到成效」等類型的人，心靈的能量大約在中到低之間。處於這種情況的人，最重要的是要「了解自己」。了解自己原本抱有怎麼樣的價值觀，尋找自己的強項，同時也要提升強項的清晰度；這是屬於STEP❶及STEP❷的部分。

如果每天的人生都被當下的事物追著跑，在不知不覺間，就很容易忘記對自己而言最重要的價值觀。只要能察覺到對自己而言最重要的價值觀，自然而然就能慢慢找出真正想做的事情，理想自我、目標自我也會慢慢浮出表面。

你之所以沒辦法採取行動，也許是因為你以為自己想做的事，其實不是真正想做的事，並不是因為心靈特別脆弱的緣故，只是你的內心還跟不上目標而已。如果是這種情況，只要能察覺出自己原本的價值觀，自然而然就能採取行動。

而採取了行動卻無法收到成效的人，有時可能只是沒發揮到強項而已，並不是因為你的能力不佳。只要在採取行動時妥善運用強項，也許並不需要特別努力，就可以獲得理想的結果。

練習不被行程追著跑

雖然還算滿意自己的人生，不過總覺得好像少了什麼，或總是被時間追著跑……。如果是這樣的人該怎麼做呢？由於這樣的人比較擅長發揮自己的強項，因此大部分都曾有過好幾次成功的經驗。也因為如此，在工作上總是受到非常多的託付，忙得喘不過氣來。

處於這種狀態的人，最需要的就是把時間花在對自己而言最重要的事物上。不要被眼前滿滿的行程表給拘束住，而是應該花時間勾勒「未來的自己」及理想藍圖。這是屬於STEP❷至STEP❸的部分。藉由建構出自己的理想與未來的模樣，就能加速人生。

接著，再決定好該放手的事物，製造出一些餘裕，便能將時間花在對自己而言最重要的事物上了。

最後要談的是「希望人生能更加速前進」的人，由於這樣的人對人生已經感到相當滿足，所以「希望有時間能培養自己的感性」，不希望只顧著思考「也想增加使用右腦的時間，發揮感性」。處於這個狀態的人，擁有很高的心靈能量，只要隨著心之所向，實踐該做的事就可以了。

除了決定該放下的事物（STEP❷）、每天加強意識到想要實現的未來與重要的事物（STEP❸）之外，也請大家在接近自己的理想處設定目標。

只要能增加發揮感性的時間（STEP❶），就能讓心中的情感、感官、直覺都更加清晰敏銳。這麼一來，就算只是下意識的決定與選擇，也會帶來更多順利的結果。不僅如此，頭腦與心靈變得更柔軟後，便能產生各種靈感，也能以更客觀的角度來看待他人及事物。

請各位讀者依照自己的情況及心靈狀態，妥善運用 pure life diary 理論即可。

唯有手寫行事曆才能辦到的事

科技的進步日新月異，近年來科技也以極快的速度，為生活帶來許多好處。具備強大功能的智慧型手機推陳出新，現在已來到能遠距開線上會議的時代了。這個世界變得越來越方便。

既然世界已變得如此方便，到現在還在使用紙本行事曆的意義，究竟是什麼呢？

本書的作者本橋平祐，不只身為手帳的設計者，也是一位數位行銷顧問。本橋的工作內容是使用社群網站拓展大眾對產品的認識，並指導客戶集客的方法等。因此，從很久以前起在工作上就會徹底運用數位工具，利用最新科技帶來的許多好處，在管理行程上，使用的也是 Google 日曆等數位工具。但即便如此，本橋仍認為手帳有著在數位工具上，無法體驗到的獨特魅力。

這裡並不是要區分數位工具與手帳孰優孰劣，而是這兩者皆各擅勝場。正因為本橋平時頻繁運用數位工具，也同時身兼手帳的設計者，在這兩方面都很有經驗，因此可以站在客觀的立場分析，本橋的結論是：「要有效率就要使用數位工具，重要的事則適合使用手帳。」

舉例來說，要管理工作上的行程，相較於紙本手帳，絕對是使用數位工具會更方便。數位工具不僅可以直接發出線上會議的網址，也會自動發送提醒郵件。不會發生記錄錯誤或忘記待辦事項等烏龍事件，也省了搜尋網址的時間。

智慧型手機幾乎已普及到人手一支，也可以直接利用手機結帳付錢。前往陌生地區時，也不必攜帶又大又重的地圖，只要開啟Google地圖就能通行無礙。隨時隨地只要利用手機搜尋，就能立刻得知需要的資訊。

不過，如果要思考人生中最重要的核心事項，還是比較適合使用手帳。接下來，就要從下列五個角度來說明使用「手帳」的好處。

1 ▼可以客觀看待自己

2 ▼ 藉由親手書寫讓自己牢牢記住
3 ▼ 實現夢想與目標
4 ▼ 容易重新回顧
5 ▼ 提升幸福感

MERIT 1

可以客觀看待自己

「總覺得似乎很了解別人，但卻不太了解自己」，應該許多人都曾有過這種感覺吧？原因很簡單，那就是每個人都能站在客觀角度看待別人。但因為自己是當事人，就變得難以置身事外地看待自己。

使用手帳的好處之一，就是可以清除頭腦裡那些混沌不清的感受與事物。將想法書寫下來，就能讓自己彷彿是在看待別人的事情一樣，站在客觀的角度來檢視。這麼一來，便能漸漸明白理想自我、目標自我，以及自己真正想放下的事物為何。

在pure life diary理論當中，準備了非常多讓人能深入面對自我內心的練習，透過這些練習就能讓人察覺到「對自己而言真正重要的事」、「原本以為良好的價值觀，其實跟自己的本心有所出入」等，可以站在更客觀的角度了解自己。

MERIT 2
藉由親手書寫讓自己牢牢記住

運用指尖握筆書寫文字的過程，會給予大腦許多刺激；另一方面，據說用電腦或手機輸入文字時，指尖的動作屬於機械化動作，不像手寫一樣能帶來活化大腦的功效，且親手書寫的過程，能提高專注力，將書寫的內容牢牢記住。

此外，藉由將內心思緒化為言語，不僅能對事物有更深入的理解，就結果而言也更易於記住。

MERIT 3
實現夢想與目標

將夢想與目標寫在手帳裡，可以更快獲得實現，許多人在不知不覺間，夢想就實現了。這個效果非常廣為人知，大家應該也曾聽說過吧！從大腦的構造來看，這樣的變化也相當合理。

我們身處的這個世界裡，到處都充斥著資訊，但大腦卻無法處理所有的資訊；如果想要處理所有的資訊，大腦可是會當機的。舉例來說，應該沒有人會在走路時思考：「我現在踏出了右腳，哎呀，現在踏出了左腳，要趕緊使用小腿肌肉支撐雙腿才行。」因為人類只能意識到一〇％眼前所見的事物，剩下的九〇％幾乎都是在無意識之中完成。

所以，就讓我們將夢想與目標寫在手帳裡，專注在夢想與目標上吧！

大腦裡有一項被稱為「ＲＡＳ」的功能，所謂的ＲＡＳ就是「Reticular Activating System」，簡而言之就是大腦的「自動搜尋系統」。

當我們點開ＩＧ時，只要點按畫面下方的放大鏡圖示，就會連結到「搜尋」頁面，各種專為自己客製化設計的資訊就會映入眼簾。ＲＡＳ在大腦中就是發揮這樣的功能，只要這樣想就比較好懂。舉例來說，當我們一早在電視或手機中看到運勢分析指出「今天的幸運色是紅色」之後，即便當天跟平常一樣是走同一條路，也會比平常更容易看見紅色。

只要ＲＡＳ發揮作用，大腦自然而然就會開始搜尋新的資訊，因此在我們想要改變現狀時，這個功能便能帶來很大的功效。因為，將夢想與目標寫在手帳後，大腦就會發揮搜尋功能，自動找出能幫助實現夢想的資訊。

不過，如果是只要稍微努力就能實現的夢想與目標，因為我們已經知道實現的方法，大腦並不需要搜尋新的資訊，因此ＲＡＳ功能不會運作。還有，如果不是真心想做的事情，ＲＡＳ的機制也不會啟動。必須要是「讓心情雀躍不已的未知事物，而且不知該如何實現」的事情，才能啟動大腦的ＲＡＳ功能。

只要使用手帳，再依序按照本書的三步驟來實踐，夢想與目標就會越來越清晰，內心也會湧現出追夢的能量。因為每天都確切意識到夢想與目標，大腦就能有效率地發揮ＲＡＳ功能，最終讓人獲得「不知不覺間，發現寫下來的目標已經實現了」、「以往做不到的事情，已經自然而然做到了」的結果。

MERIT

4 容易重新回顧

只要隨意翻閱手帳，便能輕鬆回顧自己從前曾懷抱怎樣的情感，投入在哪些事情上。一旦開始回顧，便能產生新的發現、學習到新的事物。這也跟下頁的第五項好處——提升幸福感，有著密不可分的關聯。關於「回顧」，養成習慣比其他任何事都來得更重要。

養成習慣的訣竅，就在於「新的習慣必須要是可以輕易完成的程度，並同時搭配原有的習慣」。

在寫手帳時，可以直接翻閱從前的頁面，以前曾寫過的文字能輕易映入眼簾，不需要特別花功夫就可以做到回顧。如果是使用電腦或手機，就必須尋找過去的資料夾，每一次想要回顧都必須特地點開資料夾。由於人類的天性是懶得做麻煩的事，因此並不會想一一打開從前的資料夾。

MERIT
5 提升幸福感

據說在晚上就寢前，若能寫下當天發生的「好事」、「值得感謝的事」，就能有效提升幸福感、降低憂鬱度。這件事已被許多人大力提倡，也有很多人正親身實踐。

「每天就寢前寫下三件好事」的行為被稱為「Three Good Things」，且能提升自我肯定感。雖然使用電腦或手機來記錄也會有效，不過還是親手書寫的方式更能留下深刻印象，或許可以帶來更大的功效。

養成每晚寫下三件好事的習慣，大腦在日常生活中就會開始自動搜尋「好事」，讓人帶著興奮雀躍的心情度過每一天。同樣地，寫下「感謝的心情」，也可以讓自己站在客觀角度看待情緒，連帶讓人重新認知到自己的存在價值，對身心都會帶來正面影響。

另一方面，相對於「好事」、「值得感謝的事」，據說若是寫下「感到很有壓力的事」，也可以讓人誠實面對自己的情緒，比較不會悲觀消極。

不過，萬一產生「每天都非得寫三件事不可」的義務心態，就會讓人感到痛苦。因此本書雖然建議大家可以寫下「好事」或「值得感謝的事」，但並不特定限制數量，像這樣降低書寫難度，便能更容易持續。只要持續書寫，就能提升自我肯定感，產生善待自己的心情。

上述就是在面對重要事物時，使用手帳能獲得的好處。由於 pure life diary 理論囊括了上述的五大好處，因此能有效讓人更接近「理想自我、目標自我」。

下一章要告訴大家透過書寫，進而了解自己、接受自己及改變自己的具體內容。

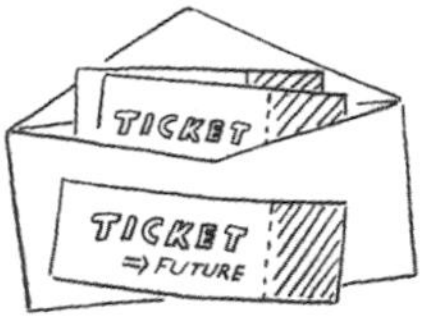

第 2 章

STEP 1
了解自己
原來我是這樣想的

誠實面對自己的內心

在第一章中，我們已經提到要從以「該做的事」為出發點的「ＴＯ ＤＯ思考」，轉換成從「理想自我、目標自我」為出發點的「ＴＯ ＢＥ思考」。

慢慢從ＴＯ ＤＯ思考切換成ＴＯ ＢＥ思考時，最重要的就是要一點一滴意識到自己的內心。

自己想要成為什麼樣的人？在人生中最重視的是什麼？什麼事情是自己打從內心想要做的呢？面對這些問題，幾乎沒有人可以立刻回答得出來。尤其是亞洲人，由於深受以和為貴的文化價值觀影響，幾乎所有人都深諳察言觀色、想辦法配合別人的生活方式。這種想法本身並沒有錯，但若是只一味意識到外在環境，自己的感受就會變得越來越遲鈍。

在這種情況下，突然要寫下自己的目標或想嘗試的願望清單，是不可能順利完成的。因為人會在不知不覺中，將「大家都嚮往的目標」、「普遍受到欣賞的事物」，當作是自己的目標與心願。有些人甚至被問到目標時，感到腦中一片空白、遲遲無法下筆。

因此，在 pure life diary 理論中，會先讓大家進行各式各樣的練習，藉由誠實面對自己，讓心底的願望與初衷浮出檯面。建議大家在做完本書的練習後，再寫下自己想做的事情及目標。

如果你以往幾乎不曾習慣誠實面對自己、不知道自己想做什麼、不明白自己想呈現什麼樣的面貌，建議可按照本書的步驟，慢慢向前邁進。如果對於自己想做的事情與理想，已有一定程度掌握的人，則可以直接從第三章開始做起。

藉由 pure life check 診斷，了解自我狀態

接下來，要進行「pure life check 診斷」，從一至一〇分為自己目前的心靈及生

活狀態打分數。在這項診斷中暗藏了許多構成 my pure life 的要素，因此做完診斷後就可確認自己的 pure life 程度，也就是現階段與理想自我、目標自我的距離，以及是否逐漸接近美好生活。由於這項診斷最大的目的就是「了解自己」，分數本身並不那麼重要，就算分數很低也不代表自己的人生很糟糕。

建議大家可以直接將診斷結果寫在本書中，或是掃描頁二〇的QR碼下載練習，記錄在手邊的手帳或筆記本中。

從一至一〇分，為自己現階段的心靈及生活狀態打分數吧！

「幾乎不這麼認為」是一分，隨著「認同」度提升、分數也隨之增加；「非常同意」則是一〇分。

◎ **自我理解**（一〇分×五／滿分五〇分）

我知道自己人生中的重要價值觀……………………（　　）分

我知道在自己的人生中「什麼是幸福」……（　　）分
我想做的事情非常明確……（　　）分
我知道自己的強項……（　　）分
我現在正發揮自己的強項……（　　）分

◎ **未來（一〇分×五／滿分五〇分）**

我很清楚知道在不遠的將來，理想自我及目標自我的方向……（　　）分
我很清楚知道對自己而言，最佳理想自我及目標自我的方向……（　　）分
為了實現理想自我及目標自我，我知道哪些是該放下的「不重要事物」……（　　）分
為了實現理想自我及目標自我，我已經決定好哪些是該放下的「不重要事物」……（　　）分
我已經找到可以培養感性的主題……（　　）分

◎ **行為**（一〇分×五／滿分五〇分）

每天都意識到理想自我及目標自我的方向……（　　）分

每天都花時間在實現理想自我及目標自我上……（　　）分

為了更接近理想自我與目標自我，已放下不重要的事物……（　　）分

在日常生活中培養自己的感性……（　　）分

每天都可以進行回顧……（　　）分

◎ **狀態**（一〇分×五／滿分五〇分）

以善待自己的心情度過每一天……（　　）分

接受原本的自己……（　　）分

抱著「感謝」的心情度過每一天……（　　）分

能接受「船到橋頭自然直」……（　　）分

身心靈都充滿活力……（　　）分

共計 ______ 分 ÷ 2 ↓ ______ 分／一〇〇分

結果怎麼樣呢？前文曾提及，分數低並不代表人生很糟糕，也無須跟別人比較，只要逐步實踐接下來要傳授給大家的 pure life diary 理論，一定可以感受到自己的分數開始提高。

上述每一類的診斷結果，都可以參考接下來的說明，直接翻閱到相對應的章節。可從頭開始閱讀，也可以直接翻到符合自己結果的頁面，請大家依照自己的需求使用本書。

「自我理解」的分數低於三〇分的人

第二章「花三分鐘進行回顧」（頁五八）、第三章「了解自身強項的練習」（頁一三一）

「未來」的分數低於三〇分的人

第三章「在 pure life 圓餅圖中，勾勒理想自我&目標自我」（頁一四一）

「行為」的分數低於三〇分的人

第三章「為了成為理想的自己，該放下的事」（頁一五四）、第四章「如何透過 pure life 密碼，更接近理想自我&目標自我？」（頁一七六）

「狀態」的分數低於三〇分的人

第二章「將當天的心情轉換成文字，深入感受」（頁五四）、「保留培養感性的時間，讓五感發揮作用」（頁一〇〇）

這項完整的 pure life check 診斷並不是只做完一次就沒事了，而是要像健康檢查一樣，定期進行才有意義。透過人生階段不同分數的變化，能讓人清楚看出自己的意識及行為，到底產生了什麼樣的改變。建議大家以三個月一次的頻率，定期進行這項診斷。

將當天的心情轉換成文字，深入感受

完成前述 pure life check 診斷後，若是在「自我理解」、「未來」、「行為」、「狀態」等所有項目裡，得分均低於二〇分的人，也許正感到困惑不已，不知道「自己真正想做的事情是什麼」或「自己想要前進的方向」，甚至「目前為止，根本沒機會深入思考關於自己的事」。可能有些人即使想要加強肯定自己、誠實面對自己，在填寫練習單時卻腦袋一片空白，遲遲想不出答案，而感到沮喪不已。

如果一個人平時總是把別人的事看得比自己重要，在不知不覺間，察言觀色、壓抑自己的感受已成了理所當然，會更難意識到自己的情感。因此，沒辦法立刻掌握對自己而言重要的價值觀、不知道自己究竟想做什麼，也並非不可能的事。

不過，沒有必要為此感到沮喪。如果你無法想像出理想自我與目標自我，或是腦海裡只能想到一大堆非做不可的事，當希望你單純思考想做的事，思考就會停頓下來的人，在著眼未來之前，先把日常生活中感受到的事物，化為言語開始做起吧！這麼一來，便能提升自己的感知程度，更了解自己的感受與想法。

只要回顧兩件事，就能讓心情沉靜下來

為了深入了解自己每天的感受，建議大家可以在一整天的尾聲進行「回顧」。也許有人會覺得「這是要寫日記的意思嗎？可是我又不是那種很勤勞的人，每天要寫這麼多感覺很累」。請放心，回顧的主題只有兩項而已！而且只要各寫一句話就夠了。一天只要花三至五分鐘左右就能輕鬆完成，即使是原本不習慣寫日記或手帳的人，也可以毫不費力地持續下去。

回顧❶　今天發生的好事

寫下今天發生的快樂、開心、有趣的事，或是讓自己有所學習成長的事。

範例　午餐享用的義大利麵非常美味。

回顧❷　今天值得感謝的事

寫下被別人稱讚而讓自己很開心的事，或受到別人親切的對待。

範例　表面上什麼都沒說、卻在工作上幫我很多的A，謝謝你！

若是突然被問到：「現在心情如何？」或「今天感覺怎麼樣？」應該會很難立刻回答，所以重點就在於要聚焦「快樂或開心的事」、「讓自己湧現感謝心情的事」，專注在內心深處的感受。

也許有些人會擔心，自己可能沒辦法每天持之以恆把這些感受寫下來，不過，只要開始書寫，應該就能感覺到，其實好事與值得感謝的事充斥在日常生活之中。

請大家以放鬆隨興的心情，誠實面對過去一直被自己置之不理的內心感受吧！只要努力回顧，這段時光就會自然而然融入於日常生活中。這麼做可以磨練自己的感覺，對開心、快樂、感謝等情感會更敏感，同時也可以了解到自己對什麼感興趣、又討厭些什麼，慢慢找回自己的初衷。

此外，一旦專注於當天發生的好事，腦海中自然也會浮現起自己當天完成的事，有助於培養為自我加分的「TO BE思考」。當一個人察覺到，其實自己比想像中完成更多事時，自我肯定感也會有所提升。

不僅如此，即使是有些沮喪的日子裡，這麼做也能讓自己的思緒意識到好事，有助於轉念：「其實，今天也不完全都是討厭的事。」不少人都是藉由這個習慣，讓情緒起伏變得更穩定。

因為這麼做可以讓人在日常生活中找到幸福，可以緩和「一定要變得跟那個人一樣」的焦慮感，以及平時被自己忽視的空虛感，並逐漸邁向 my pure life。這個看似平凡無奇的練習，只要持續下去，就能帶來不同凡響的效果。

睡前回顧今天的好事，能為明日充電

順帶一提，pure life diary 方法中的回顧，並不刻意專注於自己做不到或需要反省的事。這是為了讓人聚焦於收穫及正面的好事，幫助大家養成加分思考的習慣。

舉例來說，只要一被問到：「今天有發生什麼難過的事嗎？」我們的大腦就會以感受到悲傷為前提，拚命搜尋悲傷的事。為了養成TO BE思考的習慣，過濾自己意識到的事物也很重要。妥善運用大腦的運作機制，讓自己學會回顧好事、讓內心充盈滿足的事。

當然，不可能每天都是發生好事，偶爾也會在工作上出錯、整個人陷入沮喪，有時候也會因為疲憊不堪使得身體狀況不佳；可能也會出現事情進展不如預期、一整天都無精打采的日子。儘管如此，只要一天花三分鐘進行回顧，找出當天發生的小確幸與喜悅，便能讓自己認知到「原來今天也是不錯的一天」，帶著平穩的心情進入夢鄉。

並不是要大家不可以思考負面的事、不可以反省自己，而是因為據說在睡前思考的事情，很容易停留在記憶裡。為了幫助自己心情愉快地迎接隔天早晨，在就寢前的回顧時刻，就讓自己養成習慣寫下好事及值得感謝的事吧！

不過，若是那種無論如何都很煩躁不安的時刻，千萬不要勉強自己，建議試著進行後文會提到的情感練習（頁九三）。

做完上述的兩項回顧後，若覺得當天還寫得不夠時，請將當下心裡感受到的心情繼續寫出來。除了針對「今天發生的好事」、「今天值得感謝的事」寫下自己的感受，更進一步深入內省之外，也可以寫下對明天的鼓勵。

每天都可以依照當下的心情與花費的時間，隨意調整回顧的程度。

誠實面對自己的「價值觀」，找到想做的事

很多人對人生感到迷惘不已，不知道自己想做什麼。在這種情況下，突然要絞盡腦汁思考自己究竟想要做什麼，不可能立刻回答出來。另一種情況是，原以為是自己想做的事，後來發現並不是發自內心想做，這樣的例子屢見不鮮（詳情請見第三章）。

在心裡產生想做的事之前，我們會先有自己的價值觀與欲望。只要先挖掘出自己的價值觀，也就是心靈的根基，便能順著心意，讓真正想做的事浮上檯面。

誠實面對自己的價值觀非常重要。本書中將價值觀分成興趣、學習、生活、人際關係、伴侶關係／愛情、工作、金錢與幸福等八大領域，並幫助大家深入探究這些價值觀。

偶爾我們也會遇到有些人自稱：「我就是一個工作狂，平常不會思考工作以外的事。」本書作者本橋平祐也非常熱愛工作，因此很能了解工作狂的心情。不過，無論再怎麼熱愛工作，若生活中出現問題，也會對工作造成不小的影響。所以，為了在工作上突飛猛進，藉由「學習」讓自己更升級，也是非常重要的一環。

另一方面，如果是專注於興趣的人，平時使用金錢的方式也會和興趣內容密切相關。對於重視日常生活及生活型態的人而言，所選擇的工作種類與職場就會對自己造成很大的影響。也就是說，每一個領域都會帶來某種形式的影響，進一步造就了自己現在的人生。

有些領域的價值觀也許不太容易用文字清楚表達，不過沒關係，剛開始練習時就先維持這樣就好。在反覆面對自我的過程中，這些價值觀就會變得越來越清晰。這本書的主旨本來就是「讓自己一步一步，自然而然產生變化」，請大家放心。

在定期深入探究的過程中，不只能清晰看見自己的價值觀，而價值觀本身也可能會產生變化。除了價值觀之外，本書也將在第三章介紹，該如何深入探究自己的強項，這兩者也跟勾勒出人生的理想狀態、目標大有關聯。

接下來就開始進行「價值觀」的練習吧！

價值觀的練習　**興趣**

探究價值觀的第一步，就是先從「興趣」開始。跟別的領域相比，興趣應該算是比較能輕鬆寫出來吧！請大家不要想得太複雜，試著把自己的感受與想法直接寫出來吧！

Q. 目前有正在從事的興趣／想要嘗試的興趣嗎？

Q. 你覺得這項興趣最吸引人的地方是？

Q. 在興趣上，你是屬於哪一種人？

■ 喜歡深入鑽研單一興趣

■ 喜歡尋找新的興趣

■ 兩者皆是

Q. 若能盡情沉浸於興趣，你覺得人生會變得怎麼樣呢？

Q. 當你想像自己沉浸於興趣時，心裡會湧現出什麼樣的感受呢？

Q. 為了享受興趣，你的第一個小步驟會先做什麼呢？

價值觀的練習　**學習**

人類的本性裡潛藏著學習欲。藉由這個練習，誠實面對自己關於學習的態度，就可以得知自己適合學習什麼、對什麼感興趣。

學習是讓人生變得更充實的方法之一。以前學生時代只能讀教科書，但現在卻可以針對自己有興趣的事物、喜歡的領域努力學習，這是一件非常快樂的事。

除了努力鑽研自己有興趣的領域之外，也可以試著拓展眼界，深入探究以往從未接觸過的領域也不錯。為了讓自己可以站在更多面向看待事物，建議大家學習各種領域的新事物。

想要改變自己的人生、突飛猛進、調整現況時，不妨透過學習各式各樣的事物，讓自己更接近目標。也許有很多人每天都被工作與家庭追著跑，很難騰出時間來學習。不過，只要意識到「學習」這件事，就能加速提升人生的充實度。請大家趁這個機會，深入探究學習領域吧！

Q. 目前為止，學習哪些事物曾讓你感到快樂呢？

Q. 讓你感到快樂的學習有共通點嗎？如果有，共通點是什麼？

Q. 在學習方面，你是屬於哪一種人？

- 喜歡深入鑽研單一事物
- 想要學習各式各樣新事物
- 兩者皆是

Q. 你認為「學習」能帶給自己哪些影響或改變？

價值觀的練習　生活

進行「生活」練習的重點在於，要在排除金錢與家庭的前提下思考。唯有如此，才能看見自己心中真正的理想生活。此外，藉由回顧過去，便能明白在自己的生活中，什麼才是最重要的。

仔細想像自己心目中的理想生活，還有在理想生活中，一整天的行程安排也很重要。因為，只要自己能想像得出來的事物，才有實現的可能。當腦海中浮現出大致的概念，大腦就會為了實現這個概念而開始搜尋資訊，讓你夢想的未來更容易成真。

為了勾勒出你心中的理想生活，現在就開始思考下列的問題吧！

Q. 目前為止，你花大錢購買的物品或體驗是什麼呢？

Q. 你在做什麼事情時，會感到充滿活力呢？

Q. 你在做什麼事情時，心情會感到平靜放鬆呢？

Q. 你心目中理想的一天該如何度過呢（請寫下度過的方式）？

■ 早上

■ 下午

■ 晚上

Q. 你現在擁有非常充裕的金錢及時間。
你會想在什麼地方，過著什麼樣的生活呢？

價值觀的練習 人際關係

無論是人們的煩惱或公司中的問題，大多都與人際關係息息相關。若想改善人際關係，大家通常想到的應該都是「加強溝通能力」，但實際上在提升溝通能力之前，首先最重要的是，要深入探究自己與別人的相處方式。

為了維持舒服自在的人際關係，要先釐清自己適合跟哪些人相處、與別人之間該維持怎麼樣的距離感、保持什麼樣的關係比較好，如此一來便能找出溝通與人際關係的方針。

只要能掌握對自己而言舒服自在的人際關係，或是在人際關係中追尋的目標，便能客觀地掌握自己究竟為什麼會感到煩惱、不自在。要是一直不明白自己究竟為何煩惱，最是讓人感到痛苦。只要能掌握煩惱的原因，至少就能開始採取行動解決煩惱。

像是改變環境或距離感，若當下身處很難改變環境的情況，也可以把注意力放在對自己而言，與他人最舒服自在的距離或改變溝通方法等，便能讓心情變輕鬆。

藉由客觀看待自己的人際關係，就能及早解決煩惱，請大家試著仔細思考人際關係，把自己的人際關係化為言語吧！

Q. 從以前到現在，跟自己比較要好的人，都是什麼樣的人呢？那些人的共同點是？

Q.跟什麼樣的人相處時，會讓你感覺比較舒服自在呢？

Q.你想要跟什麼樣的人一起共度時光呢？

Q.你覺得自己和他人之間，理想的距離感是？

Q. 當你跟別人接觸時，會特別注意哪些事？你認為最重要的是什麼呢？

Q. 你認為要怎麼做，才能建立起更好的人際關係？

Q. 你認為跟「誰」建立起什麼樣的關係，是最棒的呢？

價值觀的練習

伴侶關係／愛情

無論你現在身邊是否有伴侶，都請試著思考對於伴侶的價值觀吧！如果你覺得自己不需要擁有伴侶，可以跳過這個練習。

在進行伴侶關係的練習時，有兩項需要注意的地方。第一是不要拘泥於對方的條件（外表、地位、收入等），第二是不著眼於對方的缺點或過往事蹟，不要寫下「希望他能更……」、「希望他改掉……」這類語句。

不要以外在條件判斷對方，放下想要改變對方、希望對方帶給自己幸福的思考方式，而是要思考自己想要怎麼做？希望兩個人建立起什麼樣的關係？**將目光放在未來，以「主動」的角度寫下答案吧！**

現在身邊沒有伴侶的人，則依照第一個問題「你想跟什麼樣的人在一起？」所寫的回答，假設你已跟那樣的人在一起的前提下，回答接下來的問題。

目前身邊有伴侶的人，建議可以請對方一起進行這個練習，互相分享彼此的回答。實際上，也有一起進行這個練習的伴侶告訴我們：「夫妻關係自然而然變好了！」

如果是很容易被對方想法影響的人，可以在同時進行練習時，不要互相分享答案，先自己一個人思考，寫完答案後再聆聽對方的回答。此外，如果你心中伴侶的理想形式不在下列問題內容中，也可以跳過這些問題，甚至更改問題也無妨。

Q.你想跟什麼樣的人在一起？

Q. 在什麼樣的關係中，你會感到幸福？

Q. 你想要和對方一起嘗試做什麼事呢？

Q. 兩個人在一起時，理想的共度方式是？

Q. 有哪些想法或價值觀，是你希望能與對方有同感的呢？

Q. 你認為感情好的伴侶之間，最重要的是什麼？

Q. 承上題，為了繼續重視那件最重要的事，你認為必須怎麼做呢？

價值觀的練習 工作

在人生中，「工作」應該占了非常多的時間。現在不妨深入思考，對自己而言，工作代表著什麼樣的意義、什麼事情會讓自己感到興奮不已。這次的練習重點在於，思考時要把「金錢收入」的部分暫時拋諸腦後（關於金錢的部分，在頁八七會有另外的練習）。

如果是目前沒有工作的人，則可以將工作置換成家事、育兒或社區活動等進行思考。

當你一邊東想西想、一邊書寫下來時，便能越來越清楚對自己而言，工作的定義及面對工作的方式，這也能成為帶來變化的契機之一。

如果覺得工作上遇到瓶頸，或覺得工作毫無樂趣的人，不妨試著確認，什麼是可以讓自己投入工作的「開關」。

即使是不好玩的工作，也常會帶給自己「在工作中喜歡這個部分」的感受。這就是所謂的開關。將目前的工作細分化，掌握哪些工作內容與重點能讓自己變得更積極正面、帶來幹勁。下一頁列出了許多可以讓自己投入工作的開關範例，請大家參考。

如果是原本就在工作上感到充實的人，藉由了解自己在工作上的開關，便能獲得更多充實感，把時間花在自己喜歡的工作上。

即便原本就從事喜歡的工作，在工作中要是全都負責自己不喜歡的內容，也會變得非常辛苦，因此了解自己「喜歡（討厭）」及「擅長（不擅長）」的部分，至關重要。關於擅長（不擅長）這部分，我們會在第三章中深入探究。現在要針對的是動機來源，也就是以「喜歡（討厭）」為主進行探討。

範例　可以讓自己投入工作的開關範例

- 喜歡鑽研尚未有任何人能做出解答的課題。

- 喜歡在資料齊全的狀態下，展現出優異的表現。
- 喜歡得第一名。
- 喜歡感受到自己的成長。
- 喜歡與人進行一對一溝通。
- 喜歡帶領團隊。
- 喜歡受到矚目。
- 喜歡在團隊中協助不足之處。
- 喜歡掌控全部事物。
- 喜歡挑戰新事物。
- 喜歡做例行公事。
- 喜歡改善例行公事。
- 喜歡把所有事整理得條理分明。
- 喜歡製作操作手冊。
- 喜歡讓人與人之間的溝通更順暢。

- 喜歡從零到一的創造。
- 喜歡擴大目前現有事物的規模。
- 喜歡可以一個人獨力完成的工作。
- 喜歡需要大家一起合作的工作。
- 喜歡以說話為主的工作。
- 喜歡以書寫文字為主的工作。

Q. 目前為止，在工作中做什麼事時會讓你感到開心？

Q.即使並沒有從別人那裡獲得感謝，但依然會讓你感到沉迷、開心的是什麼樣的工作內容呢？

Q.在工作上會讓你覺得不想做的職務內容是什麼？

Q. 當你如何完成工作時，會感到幸福呢？

Q. 對於能幸福完成工作的你而言，所謂的「工作」是什麼呢？

價值觀的練習　**金錢**

在目前為止的人生中，特地思考金錢的機會可能不多。也許是因為在東方文化中並不習慣公開討論金錢，大家多少都會受到影響。甚至有些人對於金錢或賺錢這些事抱持著負面看法。

不過，金錢本來就代表著對他人提供給自己的服務價值與感謝之意，並不是什麼俗氣低賤的東西。換個角度想，金錢可以讓各種價值與感謝在社會上順暢循環，應該就可以改變你原本對金錢的印象。

只要擁有越多財富，我們就會變得越快樂嗎？如果從有錢就能擁有更多選擇的角度來看，也許金錢真的是幸福的條件之一。不過，事實上並不是有錢就一定能變得更幸福。

根據諾貝爾獎得主丹尼爾・康納曼（Daniel Kahneman）的研究指出，年收入超過八百至九百萬日圓後（編按：日幣匯率約〇．二二，換算後約一百七十六萬至一百九十八萬新台幣，後續的數字讀者可依此匯率自行換算），幸福程度似乎不會有所改變（譯註：參考自書籍《*Happiness and Economics*》，Bruno S. Frey 與 Alois Stutzer 合著，但本書尚無中文版，讀者可自行搜尋原文書）。

例如，當年收入原本是四百萬日圓，提升到八百萬時，幸福感會依照收入增加的比例而提升；但若是從八百萬再繼續提升到一千萬，人們卻不會再次感受到先前的幸福感了。所以，如果將年收入與存款當作自己唯一的幸福指標，反而會覺得幸福離自己越來越遠，難以獲得充實感。

究竟該如何使用金錢，才能讓自己與最重要的人都能感受到幸福呢？為了邁向理想人生，我們究竟需要多少錢呢？現在就透過這次的練習，試著誠實面對自己的金錢觀吧！

Q. 哪些是會讓你覺得「買得好」的事物呢？

Q. 你最少需要多少錢才能生活呢？

Q. 你需要多少錢才能過著「理想的」生活呢？

Q. 你認為把金錢花在哪些事物上，可以豐富人生呢？

Q. 你想要為誰，及如何使用金錢呢？

Q. 對你而言，「金錢」是什麼呢？

價值觀的練習　幸福

透過前文中的練習，大家應該都已經逐漸明白，各種領域中自己「喜愛」的方向與價值觀。最後要深入探究的，就是囊括整個人生的「幸福」層面。

每個人一定都知道幸福這個詞，而且一定都想要變得更幸福吧！不過，當被問到「對你而言幸福是什麼」時，有多少人可以立刻回答出來呢？

幸福是一個相當抽象的詞彙，很難用單一言語來解釋，而且每個人對幸福的想像與概念也各有不同。對於無法明確想像的事情會覺得很難以實現，這就是人類大腦的運作機制。因此，如果自己心中對幸福的定義一直都很模糊不清，就無法改變日常的思考與行為，不會讓現狀產生變化。

只要讓自己對於幸福的定義變得明確清晰，就可以不受到一般常識與別人的價值觀影響，逐漸接近你自己定義的幸福狀態。在日常生活中若能常意識到「何謂幸福」，便能讓自己更容易察覺到那些被忽略的微小幸福。

請大家做完練習後，反覆閱讀自己寫下的答案，將自己對於幸福的概念深深刻進腦海中吧！

Q. 當你在做什麼事情時會感到幸福？

Q. 將時間花在什麼事情上，會讓你感到幸福？

Q.
你想要跟「誰」分享幸福？

Q.
為了讓自己過得幸福，絕對不可或缺的是什麼？

Q.
你認為應該怎麼做，可以變得更幸福？

Q. 你覺得要如何迎接人生的尾聲比較好呢？

Q. 對你而言，「幸福」是什麼？

感到茫然時，不妨用「情感練習」整頓心靈

開心、快樂、悲傷、焦躁……，我們每天都抱持著各種情緒生活。

當你在練習回顧一整天卻感到茫然失措、情緒低落時，請不要勉強壓抑自身感受，試著攤開記事本，將當下的心情如實寫下來吧！就像是在跟孩子說話般，溫柔地詢問自己就是關鍵，如此一來，也許就能發現那些潛藏在茫然之下的真實情緒和內心想法。

接下來要介紹的情感練習，能幫助你自然而然深入探究自己的內心深處。

不過，如果你活到現在，幾乎不曾好好觀察自己的情緒，那麼，可能會無法立刻用言語說明當下的心情。這時，不妨參考下頁問題❶的提問，先觀察身體的感受，例如：頭痛、肩膀僵硬得很難受、全身都很緊繃用力……，盡可能將身體的各

種感受寫下來，這麼一來，在回答的過程中，就能比較容易掌握自己的情緒。

不過，「情感練習」並不是所有人都一定要進行，只有當你想要面對負面情緒、調整內心狀態時，才需要進行此練習。

Q.1 你現在的心情如何？身體的感覺怎麼樣呢？

Q.2 承上題，你認為是什麼讓你產生這樣的感覺？

Q.3 寫到這裡，你有感覺到什麼，或內心有浮現什麼詞語嗎？

Q.4 老實說，你究竟想要怎麼做呢？或希望別人怎麼做呢？

Q.5 寫到這裡，你有察覺到什麼嗎？具體而言是什麼呢？

Q. 6 你覺得以前曾有這樣的經驗嗎？你從這樣的經驗中學習到什麼呢？

Q. 7 接下來你要做什麼呢？想放下什麼呢？想做些什麼呢？

回答範例

A1　感覺很沉悶，身體感覺很沉重。

A2　我提不起勁、渾身懶洋洋。明明有非做不可的事情，卻一直在偷懶，覺得這樣的自己很糟糕。

A3　只要一想到必須好好完成，就覺得筋疲力竭。

A4　其實我想要把麻煩的事丟給別人做，不想努力了。

A5　可能是因為心裡覺得「非做好不可」的感覺很強烈。

A6　我察覺到，我對自己太嚴格了。

A7　把該做的事情全部寫出來，整理看看吧！

挖掘內心的想法，才能重新找回生活目標

曾做過上述「情感練習」的人，告訴我們下列感想：

● 這個練習讓我察覺到心裡真正的感受，打從心底湧現出對自己的感謝，「能幫助我面對自己的心靈，真是太感謝了」，都快要掉淚了。

● Q4的提問讓我深入內省自我，使平常潛藏在心底的想法浮出表面，讓我重新確認想積極邁進的目標，真是太好了。

● 在回答Q5的提問時，因為我覺得好像非得要用5W1H的方式詳細作答不可，心裡其實覺得很排斥，不過我想既然都要花時間進行這個練習，於是下定決心告訴自己，就算只是大概寫寫也沒關係。結果，這樣的做法反而讓我的心情變得很

輕鬆，也讓我的想法變得更積極：「先從Q7的回答中挑一個去做吧！」自然而然就開始採取行動了。

雖然這個練習的回答並不一定能直接解決當下的煩惱，但至少可以讓自己擺脫一直鑽牛角尖、視野越來越狹隘的狀態，試著站在俯瞰的角度，掌握自己當下面對的事物。

另外，做完「情感練習」之後，請再重新做一次頁六〇「價值觀的練習」，以及頁五五「一整天的回顧」。這麼做可以讓人重新察覺到以往忽視的情緒與內心，使理想自我與目標自我的輪廓變得更清晰，自然而然就能轉換成TO BE思考。

保留培養感性的時間，讓五感發揮作用

一旦在大腦裡思考的時間變多，就會讓人不由自主地選擇「這麼做比較好」、「非這樣不可」的選項，反而忽視了自己原本的價值觀與my pure life。

這時，建議大家暫時停止思考，並刻意讓右腦發揮作用，培養自己的感性。所謂的感性，是指「見聞事物時，所感受到的心之所向」。透過培養感性的時間刺激感官，能使人察覺到「我現在感受到什麼」、「我現在的想法是什麼」等，進而恢復自己原本擁有的情緒與感受。至於具體的做法，請大家每個月都訂下一個培養感性的主題。

然而一說到感性，大家可能會以為是只有擅長藝術領域的人才會擁有，不過其實一般人也可以在日常生活中輕易培養出感性。比如，日本深具魅力的四季，正是培養感性的方式之一。運用感官享受每個季節特有的風光與美食，就能培養感性。

春季賞櫻、夏季看煙火、秋季品嘗當季的栗子與秋刀魚，到了冬季則讓肌膚感受冷冽的空氣等；請大家實際體驗每個季節深植人心的風光。

此外，也可以選擇體驗單一主題，例如「看日出」，或是像「觀察每天都會經過的路邊繡球花，花瓣色澤每天產生的變化」這種能反覆感受的主題。不過，要是選定的主題太多，就可能會變成非做不可的功課，因此只要選定一個主題，細細品味就好。

不僅如此，還可以聚焦在每天生活中的習慣或行為，好好品味其中的樂趣，也是一種培養感性的方式。如果你每天都習慣一邊盯著手機或電視，一邊用餐，不妨試著關掉電源或開關，把心思專注在細嚼慢嚥、品嘗食物的滋味上；也可以在沐浴時盡情享受沐浴乳的芬芳，這些都能充分淬鍊出感性。

除此之外，也可以重拾繪畫、運動等小時候很喜歡，但長大之後卻沒有持續下去的事物，或是嘗試挑戰從未接觸過的新事物也不錯。請大家就像是在玩遊戲般，來培養感性吧！在這樣的過程中，自然而然就能察覺出對自身而言，真正重要的事物是什麼，如此一來，理想自我也會變得越來越清晰。

善用手帳，使其成為培養感性的好幫手

原本就具備日曆功能的手帳，很容易就能讓人看出季節的推移，可說是非常適合用來幫助培養感性的工具。因此，不妨試著打開手帳，查看有哪些是唯有現在才能欣賞的風光，思考自己真正想做的事情是什麼吧！

儘管智慧型手機和電腦很方便，但只要開始看到郵件通知或網路新聞，就會接收到大量資訊，容易使左腦開始運作。因此，我們才會建議要刻意使用需要用「手」書寫的手帳。

如果要更進階，喜歡繪畫的人可以在手帳內畫上與當月相關的當季花卉或節慶主題；喜歡文具的人，則可以運用貼紙與紙膠帶裝飾手帳，總之，花心思在視覺上增添季節感，也是不錯的做法。

至於培養感性的主題，建議寫在月曆的空白處、或是當月目標之類的欄位中，

並利用書籤或便條紙做記號，讓自己隨時都能重複翻閱。此外，**決定好培養感性的主題並寫下來的同時，也要直接加入接下來的預定計畫中**，例如：「下週末要去這裡」、「這週就立刻觀察這件事」，會比較容易直接連結至行動。

一旦採取了培養感性的行動之後，就要在當天回顧時，詳細寫下實際前往的場所或實踐的行動，以及自身的心得感想。

培養感性的主題範例

1 ▼ 書籍或電影

- 閱讀書籍
- 從書中獲取知識
- 嘗試翻閱平常不熟悉領域的書籍
- 閱讀各行各業人物的相關散文
- 看一部電影

2

聲音

- 聆聽音樂
- 聆聽冬季的聲響
- 聆聽喜歡、舒服的聲音
- 聆聽各種類型的音樂，用言語表達出音樂之美

3

飲食

- 在情人節享受送給自己的巧克力
- 品茗

4

大自然

- 欣賞早晨的陽光
- 前往附近的高台眺望街景
- 一邊欣賞自然風光，一邊好好放空
- 欣賞當季的花卉

5

▼運動

● 去住家附近的樹林或河堤散步

● 做瑜伽

6

▼自我療癒

● 冥想

● 專注感受自己的身體，調整身體狀態

● 在一天之中保留一段時間，悠閒品茗

● 在休息時間進行伸展

● 享受泡澡時光

7

▼探索

● 學習不了解的事情

● 發掘以前從未去過的地方

● 接觸從未體驗過的香氣

- 查詢天氣暖和之後，想去的地方

8 ▼ 美

- 感受色彩之美
- 每天找一樣自己覺得很美、可以讓心情變愉悅的事物
- 在IG上搜尋各種美麗的插畫欣賞
- 用單眼相機拍照，放在相框中裝飾

只要在日常生活中加入能讓自己意識到感性的行為，便能明白自己會被什麼樣的事物吸引、情感會如何波動，從而進一步幫助自己整頓心靈。請大家一定要試試看這樣的方式！

第 3 章

STEP 2
接受自己
找出心底渴望想做的事

實現「理想自我＆目標自我」的三大要素

在第三章，我們將介紹勾勒 my pure life 所需的思考方式，以及提升實現機率的方法。

雖然大家都說「在心裡具體勾勒夢想就會比較容易實現」，但若只是想想而已，大部分都只會以妄想作收，實現的機率並不高。因此，為了實現「理想自我＆目標自我」，首先，必須實踐以下三大要素：

三大要素

1 ▼活在 pure life 中

2 ▼提升自我效能

3 ▼ 設定 pure life 圓餅圖

上述這些要素也許都是你從未聽過的詞彙，現在就讓我們娓娓道來。

要素 1 活在 pure life 中

所謂「活在 pure life 中」，指的是依照自己原本就擁有的「本性」欲求而活。

雖然大家可能經常聽到「活出理想自我、目標自我」這句話，不過，現在要請大家試著想像更深層的理想自我與目標自我。

事實上，大部分的人都無法活在 pure life 中。因為，隨著自己逐漸長大成人，有了各式各樣的考量後，心底的渴望會在不知不覺間漸漸封閉；這些考量我們稱之為「**have to**」。

have to 可分為許多類型如下：

- 非做不可的事
- 必須做的事
- 被肯定的渴望
- 憧憬的事物
- 自卑感
- 同儕壓力
- 過往的失敗
- 一般常識
- 父母的要求
- 責任感
- 非贏不可的事

如果希望自己活在 pure life 裡，關鍵就在於要屏除這些 have to。

除了 have to 之外，「舒適圈」與「逃避性思維」也是妨礙 my pure life 的絆腳石。所謂的「舒適圈」是指大腦一直處於舒適的狀態，亦即長期待在習慣、熟悉的地方。**大腦的機制會使我們不想離開舒適圈，進而變得越來越擅長找藉口去避免做別的事，造成逃避性思維。**

在後續的內容中，將進一步介紹排除這兩個絆腳石的方法。

要素

2 提升自我效能

許多人應該都聽說過「自我效能」這個詞彙，不過也許有些人可能是第一次聽到「自我效能」，或是雖然聽說過卻不太清楚這究竟是什麼意思。

所謂的「自我效能」是指「針對自己達成某事的能力所做的自我評估」。若要說得淺顯一點，可以當作是認為「自己可以做得到」這種沒有具體根據的自信；簡而言之，就是「想要做些什麼的力量」。比如「感覺自己做得到！沒問題！」這就是自我效能高的表現。

隨著自我效能的高低程度，心目中建構的夢想規模也會有所不同。夢想的規模就代表著人生的規模，所以只要提升自我效能，人生就會產生大幅度的改變。

這麼一想，其實自我效能也可以說是「對自己未來的信任程度」。雖然告訴自己「現在的我就很棒」，也就是所謂的「自我肯定感」相當重要，但如果你是想要改變自己的人，不妨把目光聚焦於提升自我效能上會更好。

想要提升自我效能，關鍵就在於要找到自己的強項。從頁一二九開始就會說明關於找到自己強項的方法。

要素 3 設定 pure life 圓餅圖

所謂的「pure life 圓餅圖」，就是將「理想自我＆目標自我」分成八個領域的圓餅圖。

不過，如果突然要大家勾勒出 pure life 圓餅圖，一定有許多人會寫下先前在〈要素❶〉提到的「have to」，或只是單純填入待辦事項而已。此外，關於勾勒夢想這件事，也有些人會在內心深處認為是「實現不了的目標」。

所以，在此之前，要先充分掌握並解決會妨礙 pure life 的事物（要素❶），接著在提高自我效能的狀態下（要素❷），方能勾勒出正確的 pure life 圓餅圖。

換言之，在設定 pure life 圓餅圖時，不需要考慮現在與過去如何，只要專注在你打從心底想要實現，以及想要成為的未來就好。至於具體的勾勒方式，會從頁一四一開始說明。

pure life 圓餅圖的領域分為生活、健康／美容、興趣、學習、伴侶關係／愛情、工作、人際關係、金錢這八項。事實上，這八項與第二章頁六〇提到的「價值觀的練習」也有所關聯；進行過價值觀的練習之後，相信大家在勾勒 pure life 圓餅圖時，就能不受到 have to 的影響，能根據自己的價值觀來思考。

有些人做完價值觀的練習後，就能順利勾勒出 pure life 圓餅圖，但也有些人就算做完價值觀的練習，卻依然遲遲無法完成。請不要灰心，這跟自我效能有關，因為就算心裡有想做的事，但要是對自己沒有自信，還是可能無法勾勒出 pure life 圓餅圖。整體來說，上述的要素❶至❸，彼此都有著緊密關聯。從下一頁開始，就要開始詳細解說。

如何活在 pure life 中？

先前的章節中也曾提及，想活在 pure life 裡，最重要的就是了解自己心底的渴望。因為大多數人心中以為自己「想做的事」，實際上卻是來自於自卑感以及希望被肯定的渴望，並非原本抱有的本性欲求。

舉例來說，原本把月收入一百萬日圓當作目標，但達成後卻感到精疲力竭；目標是在公司裡獲得升遷，但實現之後卻一點也不覺得開心。因為，這些都是「想給某人一點顏色瞧瞧」、「希望被別人肯定」、「自己創業就該月賺一百萬日圓左右」、「累積工作經驗後就非當管理職不可」、「職位不可以一直停滯不前」等「have to」的心態；換言之，這些設定的目標很可能並非源自於心底的本能渴望。

而一旦心底呈現的渴望被這些 have to 淹沒時，就是讓我們產生「TODO思考」的原因之一，也是本書在第一章提及的思考模式。

拋開 have to，找出自己心底的渴望

那麼，我們該怎麼做才能準確區分出哪些是自己真正想做的事，也就是 pure life，而哪些是 have to 呢？答案就是：**著重在自己從事某事的「過程」，而非事後獲得的「結果」。**

如果你的意識都聚焦在結果，諸如：升遷、獲得肯定，就很容易變成目標而非想做的事。

舉例來說，當被問到：「工作上最讓你有成就感的時刻？」很多人都會回答：「當別人向我道謝的時候。」雖然這個答案本身沒有錯，不過，受到感謝這件事也可能暗藏著「希望受肯定」、「自己應該要做能受到感謝的事」等 have to 的想法。

現在，試著將目光聚焦於「受到感謝前的過程」，那些讓你真心感到陶醉、愉悅、興奮、喜愛的事情上，而非受到感謝時的結果；這些才是真正的 pure life。例

如：

- 喜歡聆聽別人說話
- 喜歡能讓自己有所成長的事物
- 喜歡攻略的感覺
- 喜歡按照自己的計畫採取行動
- 喜歡進行例行公事
- 喜歡讓別人感動

除了上述之外，心底的渴望還可以分為許多種類型。

不過，先前舉例的「月收入一百萬日圓」、「升遷」等也並非不可以當作目標。對於渴望攻略的人而言，抱持著彷彿玩遊戲的心情努力破關，最後達到月收入一百萬日圓的目標，這就是屬於他的 pure life。如果是渴望贏得勝利的人，在升遷競賽中獲得勝利，當然也就是他的 pure life。

總之，各種目標都無好壞之分，重點是聚焦於自己真心想做的事情之過程，判斷那件事是否源自於內心的真實渴望，才是最重要的。

話雖如此，應該還是有人無法做出明確判斷。這種時候，建議舉出三件在過去經驗中，自己覺得非常愉快的事，並仔細分析其中的每一個步驟，找出讓自己興奮不已、想要去做的原因。只要找出其中共通的項目，就可以說是你心底的渴望。萬一每個原因都不盡相同，那麼這些也許就不是你的心底渴望；或是，思考時不妨再更抽象一點，能找出的共通點也會變得比較多。

對於活在 pure life 的人而言，並不需要所謂的動機。因為就算沒有被別人強迫，也能自動自發去實現心底的渴望。也就是說，活在 pure life 的人隨時都有能量去促使自己行動。

順道一提，pure life 即使以自我為中心也無妨。如果認為一定要以自己為主，那也是一種 have to。因為這是你打從心底的渴望，以自我為中心也沒關係。

話說回來，「自我中心」究竟是好是壞的衡量標準，到底該由誰來決定呢？仔細想想，隨著場所與環境改變，衡量標準也會有所不同，所以應該沒有所謂的正確答案才對。

以自我為中心的能量不僅強大，且可以維持很長的時間。這樣的能量在兜兜轉轉後還是能為自己幫上很大的忙。因此，請大家放心地誠實面對心底的渴望吧！

透過練習，找出「心底的渴望」

所謂打從心底的渴望，就是即使受到別人阻止、禁止，也還是想要做的事情。請大家利用頁一二〇的練習，試著寫出受到別人阻止、禁止的事情吧！先從這裡開始，尋找出自己心底的渴望。

就算知道「沒有遵守就會惹別人生氣」，但就是無法停下來的行為是什麼呢？而潛藏在那下方的渴望又是什麼？只要好好地一一爬梳，就會引發行動的心靈開關，進而找出其中共通的渴望吧！

首先，請在「被誰禁止」的欄位中，填入對自己很有影響力的人，例如：父母、老師、好友、伴侶、主管等。

至於在「被禁止時的說法」欄位中，則包含學校班級等會產生「集體氛圍」的訊息。請盡可能回答得具體些，更有可能從中發現自己心底的渴望。

在明知「沒有遵守就會惹別人生氣」前提下的行為中，其實就是潛藏著自己心底的渴望，因此，請務必試著仔細思考「就算被禁止卻還是去做」的原因。不過，思考時請排除每個人都有的生理需求及安全（安心）需求。

請大家盡量探究心底渴望的源頭。雖然這麼做可能會很困難，不過也不需要一口氣把所有欄位填滿，只要在有時間時，隨心所欲地慢慢思考、慢慢填寫即可。

保持適度完成 have to 的心態就好

先前已經提到，找出自己心底的渴望、排除 have to 非常重要。不過，實際上我們很難將所有的 have to 都拋到九霄雲外。如果想要徹底排除 have to，我們反而會因此痛苦不已。

大家不妨回想看看學生時期的考試，考十分的人要進步到二十分很容易，但

找出心底渴望的練習

當時的年齡	被誰禁止	被禁止時的說法	就算被禁止卻還是去做的原因	心底的渴望是？
17 歲	母親	跟同學一起讀書會不專心，不要跟同學一起讀書。	雖然一起讀書的確比較吵雜，但我覺得很開心。因為我會教同學解題，教會同學這件事會讓我很開心。	想要教別人

九十分要進步到一百分卻非常困難。排除 have to 也是一樣，就像是把目標放在稍微拉高分數就好，只要心裡有意識到「降低 have to 的比例」就可以了。

如果你現在的生活完全都被 have to 給填滿，那麼只要先試著減少一半就好，這麼做肯定能為自己帶來好的改變。

pure life diary 理論的主旨之一正是「一點一滴」、「漸進式」地產生意識，如此一來，人生便能產生改變。

阻擋成為目標自我的事物❶ 舒適圈

除了 have to 之外，還有兩件事會妨礙我們活在 pure life 中。然而，只要預先了解，就能輕鬆解決。現在就要針對這兩件事說明（第二件事將於頁一二七詳細說明）。

首先就是「舒適圈」。簡單來說，舒適圈就是讓人覺得「現在這樣就好」、「想要維持現狀」，令人感到安心的領域。基本上，我們所有人都具備擁有舒適圈、維持舒適圈的能力。

在身體層面上，維持舒適圈的能力就是維持一定的體溫、保持一定的心臟跳動速度等，亦即維持生命不可欠缺的功能。與此相對，在心理層面上就是當一個人想要做出改變時，下意識踩煞車的心態。

只要是改變，無論大小，都會對心靈造成負擔。因此，就算早已下定決心要有所改變，內心也會自動發揮舒適圈的能力使人「不想改變」，回到原本習慣熟悉的環境與價值觀，這也稱為「鐘擺效應」。

此外，若以時間軸的角度來看，我們的舒適圈在於現在而非未來。明明是以自己的重要價值觀為基礎所勾勒出的「理想未來」，但在大腦機制的判斷下卻會變成踏出舒適圈。這麼一來，大腦就會發揮作用，告訴自己「維持現狀比較好」，進而造成就算想要改變，卻遲遲無法展開行動，陷入進退兩難的局面。

話雖如此，有時候對於決定好的目標遲遲無法付諸行動，可能是因為目標本身並不是自己真心想做的事，而是受到 have to 影響所訂下的目標；另一方面，我們也會因為排斥踏出舒適圈而遲遲無法行動。

原則上，一個人不可能同時擁有兩個舒適圈。那麼，希望將未來囊括於舒適圈時該怎麼做呢？其實，只要符合某項條件就可以做到。那就是「臨場感」；臨場感越高，越容易成為舒適圈。也就是說，只要讓自己強烈感受到，那個未來的理想自我才是真正的自己，而現在的自己並非真正的自己就可以了。除此之外，接下來也要向大家介紹兩個能將舒適圈放到未來的具體方法。

1 改變視角

第一個方法是「改變視角」；改變視角之後，就更容易付諸行動。至於改變視角的方式，就如下一頁的上圖所示。請不要用現在的視角來看待未來，而是要刻意將視角移至未來。

若是從現在的視角看待未來，再怎麼樣都會讓人感覺到「好困難」、「好辛苦」，臨場感自然會比較偏向現在，進而在不知不覺中，就會以事不關己的態度來看待自己的未來。

因此，請試著用心願都已經實現的未來視角，來看待現在的自己。一開始可能

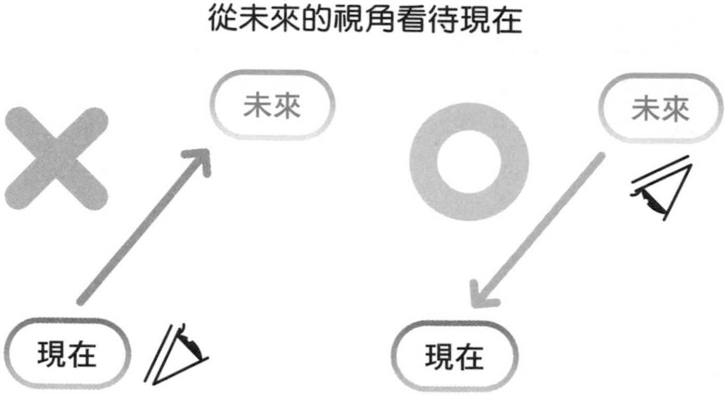

會覺得有點困難，不過只要刻意練習，自然而然就可以做到。

從未來的視角回過頭來看現在的自己，可能會覺得「現在的自己反而比較奇怪」，但這絕對不是貶低的意思。

此外，若能站在自己已經實現了理想未來的立場來看，有時會出乎意料外地發現，能輕鬆看出自己「現在」該放下哪些事物。

舉例來說，如果目標是「想要過著健康的生活」，站在現在的視角來看，就會忍不住覺得：「一定要攝取對身體更好的飲食才行，而且一週最好要運動兩次，但真的抽不出時間，感覺很難達成，真麻煩啊。」

此時，不妨試著具體地想像，那個在未來已經過著健康生活的自己；在腦海中浮現出自己未來的臉龐、體態、每天吃著什麼樣的餐點、做運動等畫面，然後試著發揮視覺、聽覺、身體感覺來感受。保持著這樣的感覺，再回過頭來檢視「現在的自己」，便會覺得「完全沒運動的自己好像不太對勁」、「到了深夜還喝酒喝不停，真不像話」，如此一來，現實中的行為自然也會有所轉變。

2 不對自己說負面的話

要將舒適圈放到未來的第二個方法，就是「徹底拋開負面的自我對話」。換句話說，就是不要再對自己說負面的話。

然而，大家或許會容易誤會，事實上負面言語或心情不好並不是一件壞事。每個人都可能會產生負面情緒，在此並不是要大家視而不見，或是假裝沒這回事。而是「對自己說負面的話並不是一件好事」，例如：我就是沒用、我就是沒有能力、我就是什麼都做不好、我一點強項都沒有等等。

因為，負面的自我對話，將會塑造出負面的未來。

我們的大腦會藉由對自己說出來的言語，在腦海中播放畫面，而這些畫面會驅動情感，使我們感受到「臨場感」。

當我們在看感人肺腑的電影時，明明畫面上都是與自己無關的事，卻會看得淚流滿面；恐怖電影明明演的不是現實世界發生的事，身處於現實中的自己卻會看得掌心出汗，這些都是因為電影畫面的臨場感驅動了情感的緣故。

我們的情感之所以會受到驅動，關鍵就在於「言語」。因此，對自己說出的那些負面言語，會製造出自我印象的畫面，從而促使情感受到驅動。而腦海中的自我印象，就會決定先前提及的「舒適圈」。

也就是說，「反正我就是做不到」之類的負面言語，會在心中無意識地創造出一個非常強烈的「我做不到」的印象。

反之，如果能對自己多說些未來的「理想自我&目標自我」，便能營造出自己對未來的臨場感，將舒適圈轉換到未來，如此一來，現在的自己就會不自覺產生改變。正因為自我對話是開始塑造自我印象的契機，所以千萬不要被過去的經驗或現在的能力所局限，試著使用未來的自己會使用的言語，進行一場自我對話吧！

阻擋成為目標自我的事物❷ 逃避性思維

會妨礙自己活在pure life的另一個絆腳石就是「逃避性思維」。這個名詞聽起來似乎很難以理解，不過說穿了其實就是「有創意地逃避」。講得更詳細一點，就是人類都具備「把逃避的藉口想得很有創意」的才能。

為什麼會這樣呢？因為要離開舒適圈是一件很累人的事，所以我們才會變成找藉口的天才。舉例來說，就算心裡想著要減重，但我們還是會告訴自己：「今天已經很努力了，多吃一點也沒關係吧」、「今天工作實在太累了，運動還是等到明天再說」等，總是替自己找藉口。

事實上，就連我們每天在指導和諮商時，偶爾也會遇到類似的情況。

客戶明明就已經找到自己想做的事，也已經湧現出實踐的力量了，但是一到了要下定決心，或付諸行動的當下，還是會脫口而出：「因為……所以真的很難做到」、「我覺得應該做不到」。

想要解決「很會找藉口」的問題，首先，只要了解我們天生就具有逃避性思維，就會很有幫助。因為，當我們起心動念準備付諸行動，而逃避性思維也同時啟動，造成現狀毫無改變，一切又回歸原點時，我們就能觀察到：「咦？剛才的藉口是因為逃避性思維的緣故嗎？」

解決問題最重要的並不是解決的能力，而是要精準掌握並發現問題。光是了解人類大腦運作機制的知識，就能提升實現心願的可能性了。

為了跨越逃避性思維的障礙，除了必須打從心底抱持著以「理想自我＆目標自我」為出發點的ＴＯ　ＢＥ思考之外，還必須具備就算對改變感到畏懼、心煩意亂，也能告訴自己「我說不定做得到」的自我效能。

因此，接下來我們就要告訴大家關於自我效能的細節，以及該如何了解自己的「強項」，進一步提升自我效能。

如何提升「自我效能」？

再次重申，所謂的自我效能是指「針對自己達成某事的能力，所做的自我評估」；換句話說，就是想要做些什麼的力量。而在本篇，將徹底解說該如何「了解自己的強項」，因為這是提升自我效能的關鍵。

了解自身強項，是邁向「理想自我&目標自我」的捷徑

藉由著手進行價值觀的練習、找出心底的渴望，便能自然而然看出自己想要前進的方向，從而獲得心靈的能量。接下來，再藉由了解自己的強項，就能獲得實現理想自我&目標自我的特快車車票。

每一個強項本身都沒有好壞之分，最重要的是要發揮自己的強項。此外，萬一發揮的方式不對，強項也可能會帶來不好的影響。為了讓強項成為替自己加分的關鍵，最重要的就是要好好掌握自己的強項。

從下一頁起，是能幫助大家了解自身強項的練習。我們依照比較容易回答的順序排列了八個問題，請大家一定要試著挑戰看看！

前三題是比較容易回答的問題，大家可以跟自己過去的記憶產生連結，或是稍微詢問他人就能回答。如果你是大概可以掌握自身強項的人，從第四題起就能開始漸漸聚焦，深入了解自己的強項，並進一步靈活發揮自身強項。

另一方面，一定也有些人至今依然不明白自己的強項所在，而為此感到煩惱不已。不過，請大家放心，在本書的最後（頁二二四）也為大家準備了只要十分鐘，就能了解自身強項的「一百種常見的強項清單」，請大家作為參考。

這份清單中不只列出了一百條強項的範例，還依照不同領域分門別類，尋找起來也十分容易。請大家先從這份清單中找出五至十項，自覺算是比較擅長的強項吧！

許多曾實際運用過這份清單的人都表示「本來覺得自己的強項應該不到十項這

麼多，而且感覺要花很多時間去找，不過實際看了之後意外地發現，很容易就找到了」。

我們每個人絕對都擁有專屬於自己的強項。只要了解自己的強項，就能從每站都停的普通車下車，改搭特快車，讓自己更快接近「理想自我＆目標自我」。

了解「自身強項」的練習

Q.1 別人經常交辦給我什麼事情？你經常受到稱讚的事情是？

Q.2 看到別人什麼樣的行為或做事方式，會令你感到不耐煩或焦躁不安呢？

Q.3 請詢問五位身邊的人：「你覺得我的強項是什麼？」

1 對象（　　）

2 對象（　　）

3 對象（　　）

4 對象（　　）

5 對象（　　）

Q.4 請舉出三件以前曾完成、做到，或自認有貫徹始終的事情。

（工作、人際關係、社團活動、考試等皆可；事情的規模大小並不重要。）

1

2

3

Q.5 在Q4中舉出的三件事中，你發現其共通的強項是什麼？

（若覺得這題很難回答，請跳下一題。）

Q.6 請在Q4的回答中選出一件事，詳細分解該件事的所有步驟過程。而在哪一個過程中，可以特別看出你的強項呢？

步驟過程：感受↓觀察↓思考↓準備↓行為↓分析↓改善行為↓持續

Q.7 請從「一百種常見的強項清單」（請參閱頁二二四）中選出五至十項符合自己的強項，並找出其中特別符合的一至三個核心強項，並在選項上標註〇。

Q.8 結論

我的強項是：（強項不止一項也無妨，試著先寫下來。）

善用「先天的強項」，就能過得更順利

如果想要更進一步發揮自己的強項，可以試著將強項區分為「先天的強項」與「後天的強項」。

兩者有什麼區別呢？由於後天的強項是屬於「努力學習到的事物」，比較偏向能自我意識到的層次。與此相對，先天的強項則是屬於「感覺不需要特別努力、自然而然就會做的事」，大多是無法自我意識到的事。

至於該如何區分呢？只要試著詢問他人，應該就會對自己有全新的發現。例如，自己平常理所當然在做的事情，一旦被別人特別指出來，會讓你心裡產生：「咦？這種事情也算是強項嗎」、「大家應該都做得到吧」等感受，就是屬於你先天的強項。

雖然懂得運用後天的強項也不錯，不過如果能將先天的強項當作特快車車票使用，便能以天生的樣貌更快地實現「理想自我＆目標自我」，因此請大家一定要找出自己先天的強項。

當你不知道自己的強項是屬於先天還是後天時，不妨想想看：「這項強項是從小時候（孩童時期至二十歲左右）就有所發揮了嗎？」因為通常先天的強項會在十幾歲之前成形。

另外，在了解自身強項的練習中，回答上頁的問題❽時並不一定要寫出正確答案，甚至就算只是假設也沒關係，因為最重要的是要試著寫出答案。

不僅如此，請大家不要只回答一次就結束這個練習；請持續觀察、注意自己寫出來的強項。因為藉由持續觀察，能更深入了解自己的強項，而原本渾渾噩噩被忽視的強項，也能逐漸獲得聚焦。

更重要的是，藉由聚焦在自己的強項，應該也能讓人變得越來越有自信。而伴隨著自信逐漸成長，每天的行為自然而然也會開始產生改變，長出邁向新事物的勇氣；這就是所謂的自我效能，也就是「想要做些什麼的力量」。

除了上述的練習之外，還有好幾個也很有名的「了解強項的診斷法」，如果大家有興趣，不妨也試著做看看。

Strengths Finder®

《*Strengths Finder*》是一本書籍，在購買之後，於書中了解自己前五大強項的頁面中，可根據書中的兌換號碼，在網站進行免費的診斷測試。

不過，根據我們多年來追蹤觀察各種人的診斷結果，我們會建議大家進行付費的診斷，這樣就不只是前五大強項的結果，而是可以看到全部共三十四種強項。我們會這樣建議是因為只要過了幾年，再次重新接受診斷之後，經常會發現前五大強項已經被其他的強項所取代。另外，基本上前十大強項大致上都會差不多，因此其實只要找出前十大強項，便能完整掌握自身擁有的才能。

- 《*Strengths Finder 2.0*》Tom Rath 著，Gallup Press 出版，二〇〇七年

（編按：本書未有繁體中文版，但台灣多以「蓋洛普優勢測驗」稱之，坊間也有許多可做此測驗的單位，讀者若有興趣可自行詢問。另附上原文書網址供參考：https://reurl.cc/ZXOQRA。）

財富原動力（WEALTH DYNAMICS）

這個測驗共有免費及付費版，免費的測驗能得知自己的四種分類，若是付費的測驗，則能得知八種資質分類。

在工作上，無論是團隊合作所需或只是想了解自己，建議都可以接受這項測驗。雖然我們平時分屬於好幾個不同的團隊，不過基本上全體成員都做過這項測驗。這項測驗可以讓我們了解彼此的強項與弱項，使工作進行得更順利，如此一來，團隊中的工作自然能妥善分配給適合的人。

- https://test.millionairemasterplan.com/tw

這個測試可以得知二十四種個性的強項。雖然是免費的測驗，不過由於是英文網站，請轉換為適合的語言瀏覽進行。

- http://www.viacharacter.org/Survey/Account/Register

不斷提升強項，就能更有自信

做完剛才的練習之後，就算是原本就認知到自身強項的人，可能也會發覺自己對於強項的認知還很粗略吧！

舉例來說，同樣都是「擅長溝通」，但每個人在溝通時「感受到的」、「看到的」、「做到的」都有所不同。光是以「一百種常見的強項清單」為例，你心中所想的溝通能力究竟是屬於「交涉力」，還是屬於「掌握人心的能力」呢？雖然這兩者都統稱為溝通能力，但其中包含的能力卻是天差地遠。因此，若能將「溝通能力」劃分成更多明確的細項，就能持續提升強項。

不過，絕對不是提升強項後就結束，更重要的，是持續觀察自己是否有妥善發揮所認知到的強項。如果能實際感受到「這麼說來，我好像一直都自然而然地在發揮這個強項」、「這次之所以會這麼順利，都是因為我發揮這個強項的緣故」，就會讓人感到更加踏實吧！

一旦心裡踏實了之後，便能產生「只要運用強項就能帶來成功」的自我認知，進而使自我效能越來越高。如此一來，當之後要面對尚未達成的事項時，內心也能產生一股「只要運用我的強項，就一定能度過難關」的感覺。處於這樣的狀態之下，不僅能產生自信，也能自然地付諸實行，展開行動。

在 pure life 圓餅圖中，勾勒「理想自我＆目標自我」

閱讀至此，我們已經了解以自我價值觀為基礎，才能使「my pure life」浮出檯面；同時，也介紹了實現「理想自我＆目標自我」的能力，也就是感覺自己做得到的自我效能，以及提升「強項」的方法，幫助加強自我效能的方式。

現在，我們就要試著在 pure life 圓餅圖（頁一五二至一五三）中勾勒出「理想自我＆目標自我」。

在 pure life 圓餅圖中，包含生活、健康／美容、興趣、學習、伴侶關係／愛情、工作、人際關係、金錢共八個領域。在勾勒圓餅圖時，要用自己在各領域中的目標狀態，也就是「現在這個時間點」的理想未來形象為根據。在此之所以要強調「現在這個時間點」是有意義的，接下來就要詳細說明。

設定 pure life 圓餅圖的重點

設定 pure life 圓餅圖時，共有五個重點：

1 ▼ 填寫打從心底想做的事情

2 ▼ 就算目前的狀態是「還不知道具體方法」也沒關係

3 ▼ 設定時，要一邊想像自己未來的模樣

4 ▼ 就算只是假設也沒關係，每一個領域都要填寫

5 ▼ 數量很多也沒關係

接著就要分別解說這五大重點。

1 填寫打從心底想做的事情

請務必在 pure life 圓餅圖中，填寫自己打從心底想做的事情。千萬不要被別人的看法影響，或受到希望被肯定的渴望所束縛。請坦誠面對自己的內心，寫出自己心底真正的願望。

2 就算目前的狀態是「還不知道具體方法」也沒關係

也許有些人會覺得「光憑現在的我，可以寫出這種夢想嗎？」不過，pure life 圓餅圖本來就是只屬於你的東西，不必在意自己目前的狀態如何。只要寫出自己真正想做的事，再加上你的強項，一定可以越來越接近心目中理想的未來。重點是，誠實面對自己真正的心意與價值觀，並依此設定 pure life 圓餅圖，就算現在還不知道具體方法，只要寫出來，大腦就會自然而然為自己找出實行方法。

3 設定時，要一邊想像自己未來的模樣

在勾勒 pure life 圓餅圖時，建議大家要同時在腦海中想像具體的影像。對大腦而言，無論是現在、過去或未來，其彼此之間都毫無關聯。然而，只要能勾勒出生動的影像，就算是遙不可及的未來，大腦的RAS功能（請參閱頁四〇，大腦的「自動搜尋系統」內容）就會開始啟動，進而自然改變現況。總之，先盡量想像出未來的影像，即使不是全貌也無妨；請站在自己已經成為「理想自我＆目標自我」的未來視角，勾勒 pure life 圓餅圖。

4 就算只是假設也沒關係，每一個領域都要填寫

在勾勒 pure life 圓餅圖時，建議大家要盡可能填滿所有的項目。因為，pure life 圓餅圖所有的領域之間都有關聯性，就和「價值觀的練習」一樣。

舉例來說，其中「生活」就與「伴侶關係」、「工作」都有關聯。而在以工作來規劃未來時，也會涉及「學習」與「人際關係」的領域。

就如同飲食要講究營養均衡，人生也要講究平衡。無論再怎麼美味的肉，每天照三餐吃還是會破壞腸胃，對健康並不是一件好事。人生也是一樣，如果只偏重工作，與伴侶之間的關係就會變得不對勁、健康也會逐漸走下坡……。因此，請大家試著勾勒出均衡的 pure life 圓餅圖吧！

除此之外還要注意的是，單一領域中的 pure life 不能視為獨立事件，因為 pure life 圓餅圖中的每一個領域皆環環相扣，唯有彼此發揮相輔相成的效果，才能更接近 pure life。

舉例來說，假設你在 pure life 圓餅圖的工作領域中定下「從職員轉職為自由工作者」的目標，那麼請試著思考，其實這個目標在整個人生中，不只是在工作上要成為自由工作者，在生活領域中也可以將目標設定為「成為自由工作者後，每個月都要去喜歡的地方旅行」，這麼一來，便能加深這兩個領域的關聯性，使邁向未來的齒輪加速轉動。

此外，在人際關係的領域中也可以定下這樣的目標，即「定期與自由工作者交流互動」，因為人生是由身邊接觸的人與環境所決定；在學習的領域中也不妨將目標設定為「增加自由工作領域方面的各種知識」。

5 數量很多也沒關係

有些人會告訴我們，萬一寫了許多關於理想未來的想像，就會不由得感到「我這樣寫真的沒關係嗎」、「如果我太貪心寫了太多，應該不可能實現吧」，沒關係，請大家不必擔心。

據說人類的大腦只能處理眼前所見約一成的資訊。先前在頁四〇也有提到，如果想要一次處理所有的資訊，大腦可是會當機的。

話雖如此，人類的大腦對於想要做的事情非常貪心。如果是真心想做的事，就算設定了三十個之多，人類也能在無意識中高速運轉大腦。因此，你不需要每天都意識到所有的事。

也就是說，大腦會自然而然搜尋實現「理想自我&目標自我」所需的資訊，從而使眼前看到的景物產生改變。記得，只要排除 have to 的事項、寫下真心想做的事，即使寫再多也無妨。

完成 pure life 圓餅圖後，該做哪些事？

並不是設定完 pure life 圓餅圖後就沒事了，反而是設定完之後，才正式揭開序幕。就從現在起，一步一步實現自己所勾勒的未來吧！

現在，請大家務必要執行以下三件事：

1▼每天只要看一分鐘就好
2▼每三個月更新一次
3▼達成之前，再重新設定

1 每天只要看一分鐘就好

只要花一分鐘就好，請大家每天都回顧一次 pure life 圓餅圖。藉由每天回顧，可以時時意識到自己所決定、真正想做的事情，以及理想自我&目標自我的樣貌，進而自然地連結至實現未來的行為上。

我們設計出的手帳《pure life diary》之所以準備了三個書籤，也是因為如此。一個可以每天使用、一個可以夾在 pure life 圓餅圖的頁面，最後一個則是夾在為了實現圓餅圖的本月目標中（書籤的使用方式只是建議而已，還請各位讀者隨心所欲地使用）。**即使是使用自己的手帳，也可以將 pure life 圓餅圖列印下來，夾在手帳的顯眼之處，或是抄寫在常用的頁面上並夾入書籤，讓自己隨時都能仔細確認內容。**

2 每三個月更新一次

除了完成 pure life 圓餅圖、每天回顧之外，定期更新圓餅圖的內容，也是非常重要的一環。

勾勒出理想的未來，讓自己每天都意識到理想未來，行為自然而然會產生改變。當行為改變之後，現實世界也會逐漸轉變，如此一來，心中自然也會湧現出新的想法與感受。所以，請大家務必好好接受這些變化。

當你實際朝向 my pure life 採取行動之後，也許會感覺到「好像跟我想的不太一樣」、「沒什麼興奮期待的感覺」、「果然不適合我」。遇到這種情況時，請拋開「下定決心之後就一定要貫徹始終」的 have to 想法，或「都已經走到這一步，不持續努力下去就太可惜了」之類的心情，你要做的是誠實面對自己的心情與感受，狠下心改變 pure life 圓餅圖的內容吧！

有些時候，可能只要稍微換個方向就好，但有些時候，也可能會遇到要全面喊停的情況。就算半途而廢，也都是為了要讓自己活在 pure life 中，並沒有什麼壞處。當你察覺到「這跟我想像中的不同」反而是一件好事。這代表在你往後的人生中，你已經明白什麼事情適合自己，如此，反而提升了好好享受人生的可能性。請大家不要認為這是失敗，這只是一種經驗的累積。

不過，如果需要更改 pure life 圓餅圖時，建議大家可以換一種顏色的筆來書寫，這麼一來以後就能輕鬆辨別出哪些內容是在什麼時期寫下，讓自己的改變一目了然。

另一方面，設定好 pure life 圓餅圖後，若能順利發展，接下來又該做什麼呢？

事實上，重新設定 pure life 圓餅圖這件事，並不是在實現「理想自我＆目標自我」之後進行，而是在實現之前要做。因為要是實現之後又再接著繼續設定下一個理想與目標，很有可能會讓自己心力交瘁。

把勾勒的理想未來當作是一個過程，不僅能避免自己陷入心力交瘁的窘境，也能讓理想自我與目標自我持續有所進化、成長。

儘管如此，大家可能還是很難想像，究竟要在什麼時間點重新設定 pure life 圓餅圖呢？

如果是在勾勒 pure life 圓餅圖時，還完全找不到實現方法的情況下，那麼，差不多可以在找出方法或方向、只要繼續努力就可以抵達目標時重新設定，就算當下距離 pure life 還很遙遠也沒關係。反之，如果是相對知道實現方法的情況下，則可以在實現之前將原本的計畫修改成新的 pure life。

在《pure life diary》中，大約每三個月就會填寫一次 pure life 圓餅圖；如果是使用自己的手帳，建議可以在每隔三個月的欄位中，寫下要重新設定 pure life 圓餅圖的註記，以提醒自己屆時要重新確認。

pure life 圓餅圖

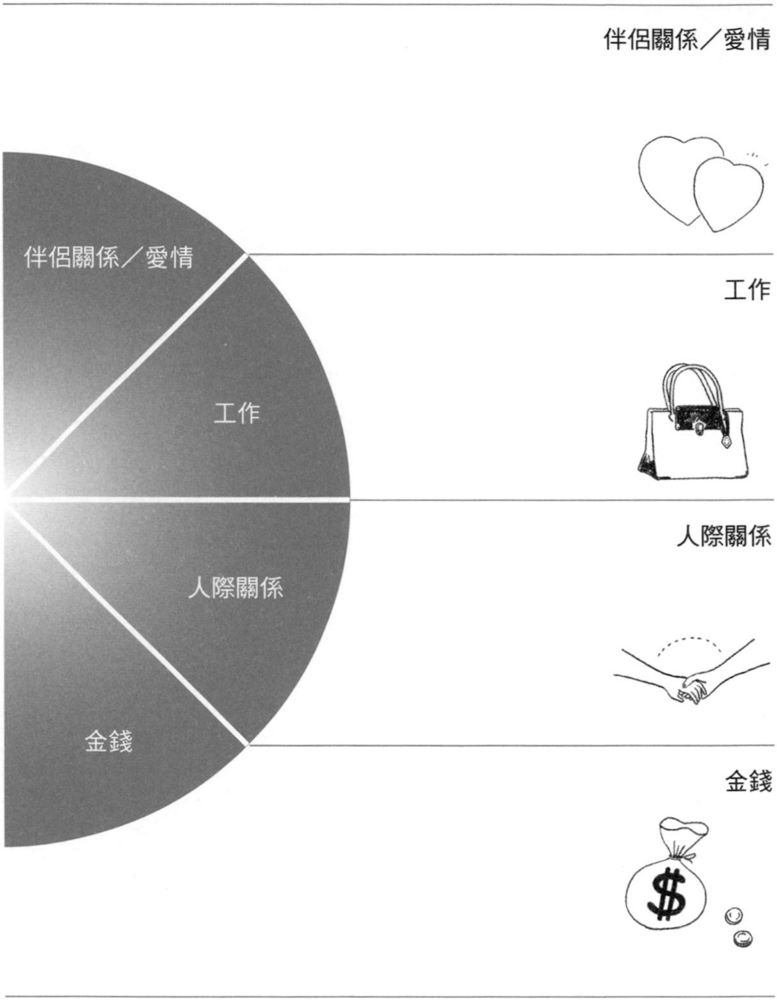

生活

健康／美容

興趣

學習

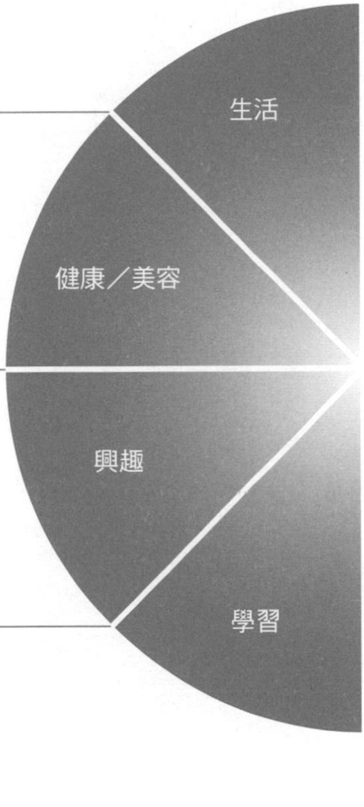

為了成為「理想的自己」，該放下的事

所謂的「決斷」，是「決定」和「斷絕」的意思。做出決斷時，雖然很多人都有意識到「決定」的部分，但幾乎鮮少人注意到「斷絕」。不過，如果想要邁向理想自我，一定要決定好自己需要斷絕的東西是什麼，也就是要「放下」的事情。

為什麼呢？因為一旦想要成為「理想自我＆目標自我」，那麼，養成新的生活習慣、接受新挑戰、在全新領域中學習等，機會將逐漸增加。

為了在人生中納入新事物，最重要的就是需要有「留白的空間」來容納這些新事物。可是，忙碌的現代人幾乎沒有這樣的留白空間。不過，在實現「理想自我＆目標自我」之前，務必先專心聚焦於自己該放下哪些事情吧！

各位讀到這裡，心裡應該會出現一個疑問：我明白放下很重要，但究竟該如何決定要放下什麼？又該如何具體執行呢？

很簡單，答案就是：傾聽自己的感受，依直覺放下事物，這也正是 my pure life 的主旨之一。如果這樣講還是不明白的人，不妨分別從「事務」、「物品」、「心靈」這三個視角來思考。

視角 1 放下事務

對大多數人而言，問題應該是出在「雖然有找到想做的事，但沒有時間去執行」。

為此，大家不妨試著環顧周遭旁人，每個人看起來都很忙碌；不過，時間是很公平的，每個人每天都擁有相同的二十四小時。

現在，請大家在腦海中具體地想一想，那些已經逐步實現「理想自我＆目標自我」，或是改變很多的人吧！無論是自己周遭的人或名人都可以。

在你腦海中浮現起的那些人，他們看起來是不是顯然都比別人更加忙碌呢？感覺他們在同樣的二十四小時之中，好像可以實現更多事情、達成更多目標。

與此相對，那些經過好幾年都沒有什麼改變的人（沒有改變並不是一件壞事，這裡只是將沒有改變當作比較基準而已），跟改變很多的人相比，是否感覺行程安排得比較少呢？

忙碌的人之所以比較能實現「理想自我&目標自我」，是因為懂得選擇「取捨」自己要做的事情。取捨當中的「取」，我們將在第四章中詳細說明，現在，要先深入探究的則是「捨」的部分。

放下社群、追劇平台等，會占用獨處時間的產品

請大家不要誤會，這些消費產品並非不好，事實上，這些消費產品所提供的內容，不但能充實我們的感性，也能使我們從中獲得學習、交流。

不過，這些消費產品也有不好的一面，那就是容易令人上癮。舉例來說，本書作者本橋平祐，其身兼數位行銷顧問的身分，因此他非常清楚，社群網路為了增加使用者、讓使用者長時間停留於網路，下了非常多功夫，而且每天都持續更新強

化。各位是否經常發現「一不小心就在社群網路花了很多時間」，但這並不是因為你的意志力薄弱，而是因為全世界最優秀的人們都集結在一起，努力打造出能造成消費者上癮的使用環境之故。

如果試著計算自己花在這些消費產品上的時間，會發現出乎意料外地多。手機上可以查詢到自己一天之內在APP上花費的時間，大家不妨試著確認。如果能省下使用這些服務的時間，應該有很多人都能增加超乎想像的留白時間吧！

不參加下午茶或飲酒會

參加下午茶或飲酒會當然也有好處，不過對於pure life而言，捨棄掉這些聚會也會有好的一面。

雖然要和朋友聚會交流，偶爾也需要在這些場合中露面，但現在不妨思考，這些真的是pure life中不可或缺的嗎？為此，建議各位可以將這些聚會劃分成「永遠放下」與「暫時放下」共兩種情況，加以思考分類。

舉例來說，我很喜歡喝酒，也很愛參加飲酒會；以前當上班族時，只要有飲酒會我總是不會錯過。不過，當我決定自行創業後，幾乎拒絕了所有的飲酒會邀約，就算是大人物的邀約我也不會赴約。

我本來就喜歡喝酒，也很喜歡參加飲酒會，對我而言要拒絕這些邀約真的很不容易，除此之外，拒絕飲酒會有時也會被當作是不懂得察言觀色的人。不過，當身邊的大家漸漸習慣我這樣的人設之後，拒絕時會變得順利。

除了讓大家漸漸習慣自己是「不參加聚會的人」之外，也可以告訴他們，自己是因為有其他想做的事，所以暫時不參加聚會。如果是把你視為重要對象的人，多半都會願意理解你不參加聚會的原因；反之，若只因為你不參加聚會，就與你保持距離，或對你說三道四，那麼其實這個人並不是那麼重視你，也就不需要把這種人的想法放在心上。

減少講電話的時間

此外，講電話也會占用掉許多時間。用文字表達只需要花三十秒就能解決的事情，若用電話溝通很可能要五分鐘或十分鐘，花費許多的額外時間。此外，電話非常容易奪走你正在專注的時間。越是在工作上有成的人，越不可能突然打電話給他人。非打電話不可時，請一定要記得事先詢問：「請問什麼時候方便通電話呢？」

若是名片上印有自己的電話號碼，對方就很可能會直接打過來，而為了以防萬一，不妨刪掉名片上的電話欄吧！不僅如此，手機也要一整天都設定為「睡眠」或「勿擾」模式。因為除了電話之外，手機傳來的訊息通知也很可能使人轉移注意力、打斷工作及分心。如果可以在一開始就把手機設成無法接通的狀態，就不會被占用時間了。

事實上，若是電話打不通，幾乎所有人都會直接利用訊息或 LINE 說明來意，如此一來，只要確認訊息內容就可以立即獲得解決。只要利用這個方式，不僅不會再被占用時間，而且還能拋開必須接電話的壓力，建議大家不妨立刻試試。

減少通勤時間

若是用一週、一個月為單位，來思考通勤時間，就可以明白通勤占用了自己非常多的時間。雖然房屋租金也是一筆開銷，不過要是能擺脫通勤時間、搬到離辦公室比較近的地點，就能把原本花在通勤上的時間用來充實自己，如此一來，工作上就可以發揮更好的表現、使薪水提高；或是，有多餘的時間能開拓副業，這樣要填補增加的租金支出就並非難事了。

減少搭乘人擠人的大眾運輸工具

不過，如果真的沒辦法搬家，那就先擺脫人擠人的大眾運輸工具吧！試著在比平常更早的時間出門上班，也是解決的方法之一。因為搭乘無人的捷運或火車，不僅能坐著看書或學習，更重要的是，抵達辦公室時不會感到身心俱疲。

據說早晨醒來後的三小時內，是大腦運作的黃金時間，若能在這段時間充實自己或努力工作，都很不錯。此外，近來越來越多公司實施遠距工作，大家不妨試著跟公司溝通，詢問可行性。

視角

2 丟棄物品

接下來，要做的是丟棄物品。

在某些情況下，丟棄物品也許會為你帶來緊張不安的感覺。不過，丟棄時越是讓你感到緊張不安、惶恐焦慮的物品，則越能為你帶來極大的留白空間。反過來說，如果是能輕易決定要丟棄的物品，那麼，即使丟了也不會為現狀帶來太大的改變。

因此，不妨把緊張不安、惶恐焦慮的感覺，當作是人生即將產生改變的徵兆，下定決心丟棄吧！

然而，我們並不是要強迫大家隨時都要逼自己丟掉一定數量的物品，而是因為所謂的變化就代表著自己踏出舒適圈，會產生緊張不安、惶恐焦慮的感覺，理所當然，我們只是希望大家明白這一點而已。

這麼一來，當大家丟棄物品時就不會再感到害怕，而是可以告訴自己「啊！當我緊張不安、惶恐焦慮時，就代表我做了一個好選擇」，讓自己冷靜下來，專注在改變上。

不看電視

前文也曾提及，建議大家減少看電視的時間，把看電視當作是一件「事務」來看待，不過，直接拋開「電視」本身也是一個好辦法。因為電視擺在那裡，很容易讓人不經意地想打開，進而無所事事地浪費時間。因此，如果能拋開電視本身，就不需要靠意志力才能讓自己不看電視了。

因為我個人的意志力很薄弱，我已經捨棄電視五年以上了。雖然有時還是會覺得很想看電視，不過，在現代生活中沒有電視其實並不會造成什麼太大的影響。如果你也是意志力薄弱的人，請一定要試試看這個方法。

事實上，就算沒有電視，大家可能也會直接用手機看 YouTube 影片等，花費許多時間。我自己也是一樣，我曾經一度藉著工作所需的藉口，花許多時間在看 YouTube 影片，後來我下定決心把 YouTube 的 APP 直接從待機畫面刪除。畢竟工作上還是會需要看 YouTube 影片，我在刪除時也會感到非常惶恐不安，但我告訴自己

「這是因為我正在踏出舒適圈」，才順利度過了這個難關。

不過，最近手機不僅可以用來結帳，也是生活中不可或缺的工具之一，要放下手機可能真的會對生活造成許多不便。既然如此，不妨下定決心將手機中會默默偷走時間的APP刪掉吧！如果真的做不到的人，也可以將APP移動到手機畫面中不方便打開的位置，不要一打開手機就可以直接看到該APP，也是不錯的方法。

進行極簡生活

被稱為極簡生活者的人們，是因為放下了許多東西，只留下對自己而言真正需要、真正喜愛的東西，來陪伴自己生活。

不僅如此，減少手邊的東西，也可以順便減少為了「選擇」所花的時間，進而為思考空出留白的空間。舉例來說，如果自己要穿的衣服都是固定的，那麼，每天早上就不需要花時間煩惱要穿什麼，可以把那些時間用來思考其他事情。

我自己以前出門旅行時都會帶著行李箱，不過現在無論是三天兩夜或為期兩週的旅行，都只會帶一個背包而已。因為行李很少，搭飛機時也不必先去寄行李，出國旅行也不必擔心行李寄丟。抵達機場之後，更不必浪費時間等待行李轉盤，尋找自己的行李箱，可以直接出發。為此，未來出國旅行時，不如只帶一個背包，我覺得非常方便。

視角

3 放下心靈束縛

所謂的放下心靈束縛，究竟是什麼意思呢？

各位不妨想像，把那些平時束縛自己的「執念」、「主觀認定」、「被肯定的渴望」、「虛榮心」、「普通常識」等「have to」拋到九霄雲外。只要能擺脫這些，在生活中完全採用ＴＯ ＢＥ思考，人生的充實感一定會與日俱增。

不要再擔心別人的想法如何，請誠實面對自己，做自己真正想做的事，成為自己真正想呈現的樣子吧！

● 絕對不可以出錯

很多人都會以「非說出標準答案不可」、「絕對不可以出錯」來束縛住自己的心靈。不過，這並不是自己的錯，最主要的原因可能是因為我們從小接受的教育，向來以「解開已經有標準答案的題目」為核心的緣故。

然而，一旦心中有了「絕對不可以出錯」的念頭，就會讓人無法付諸行動，踏不出關鍵的第一步。可是，事實上就算你沒有回答出正確答案，也不會怎麼樣。**那並不是失敗，而是一種「經驗值」，也是專屬於你的資產。**只要靈活運用這些經驗，就能朝向「理想自我&目標自我」更近一步。

除此之外，在絕對不可以出錯的念頭下，可能還參雜著更多「萬一出錯，被別人當作是○○怎麼辦，好丟臉」等壓力，這些壓力大部分都是因為加入了別人的眼光所致。

如果你真的是朝著「理想自我＆目標自我」的方向前進，別人的評論就不重要了，不需要在意也無妨。

● 一旦休息就會被取代

有些人會認為自己絕對不可以休假（包含給薪休假），抱持著一旦休息就會被取代的想法。這世界上，或許真的有人是熱愛工作到不需要休息的程度，不過，如果是認為「絕對不可以休息」，其實並不是一個好的狀態。

如果自己真正想做的事情並不是公司裡的工作，那麼，在這種情況下，無論是誰都會想要請有薪假吧！這是勞工的權利，絕對沒有不能使用。雖然，必然有人身處於難以請假的環境中，**不過請大家不要過於顧慮他人，把眼光放在人生中最重要的事物上吧！**

我在離開前公司、自行創業之前，當時為了要替將來做準備，因此就算沒有名正言順的請假事由，每個月也還是會按時請有薪假。雖然剛開始請假時，上司並沒有給我好臉色看，不過當我每個月都照樣請假之後，大家就漸漸習慣我是「會請有薪假的人」，後來請假就都很順利了。

有很多原本認為絕對不可以請假的人，在請假休息之後心情都變得比較穩定，也變得比較能掌握自己的生活和工作步調。所以，請大家要適時地好好休息。

● 反正沒有人了解我，不需要說出真心話

有些人會因為覺得自己不被了解，而放棄與人溝通。沒錯，別人的確很難理解你的全部。不過俗話說：「旁觀者清，當局者迷。」有時候，周遭旁人或許出乎意料地了解你。

在了解自我的工作坊當中，會有一個練習是在白紙寫上自己的名字，傳給團體中的所有人，請大家寫下對「你」的印象。這個練習的有趣之處在於，無論是跟你長久相處或第一次見面的人，對你的印象其實大致相同。也就是說，其他人比你想像中更了解你。

如果還是覺得別人都不了解自己，請向專業諮商師進行諮詢。雖然每個人的煩惱都不同，不過，解開內心束縛的方式，幾乎每個人都是殊途同歸的相似模式。

放下主觀認定

● 我才沒有什麼強項

像是「我才沒有什麼強項」，就是對自己的主觀認定。有些人就算聽到別人稱讚自己「做得特別好」，也會拚命否認到底；在看別人的表現時也很容易覺得「自己還差得遠……」、「自己微不足道」。

可是，幾乎所有人在過去的經驗中，或自己沒特別意識到就直接做出來的事情中，一定藏有自身的強項。為此，請大家拋開自己沒有強項的主觀心態，利用「了解自身強項的練習」（頁一三二）深入挖掘自己的內在。

● 不可以變得消極悲觀

你是否總認為自己一定要隨時抱持正面積極的心態，進而壓抑悲傷、不安、難過、焦躁等負面情緒呢？其實，在這些各式各樣的情緒之中，都藏著想讓他人更了解自己的線索。

舉例來說，跟別人比較自己的工作表現之所以會感到沮喪，可能是希望自己能做得更好的一種反應；又或許，是因為「一定要把所有的工作都做到完美，才能獲得肯定」的 have to 思維太過強烈之故。因此，請大家試著聚焦於自己藏在負面情緒下的真實想法與執念吧！

情緒高高低低、有所起伏，再自然也不過了。若長期對自己的真實感受視而不見，身體與心靈的平衡就可能會逐漸瓦解，這並不是一件好事。雖然，不需要把內心所有的情緒都告訴他人，不過，內心湧現出的情緒皆有意義，因此，請大家把這些情緒視為能更進一步深入了解自己的機會，試著貼近每個情緒片段吧！

● 認為自己「已經老大不小了」

很多人都會隨著年齡增長，而變得不再挑戰新事物。然而，無論挑戰的結果是好是壞，都是經驗的累積，但很多人都會以過去的經驗來想像未來的結果，進而畫地自限。

換言之，許多人會用「自己都已經一把年紀了」當作藉口，放棄挑戰新事物。不過，那些看起來總是充滿活力的人，大部分都是無論到了幾歲依然積極嘗試新事物，以柔軟的心態迎接改變。所以，只要拋開「都已經老大不小了」的心態，就可以拓展更多人生的可能性。

放下被肯定的渴望

● 希望被某人肯定，想要被稱讚、奉承

每個人都希望被肯定，因此要完全捨棄這樣的欲望的確非常困難。不過，要是每天的行為初衷都源自於被肯定的渴望，動力總有一天會燃燒殆盡。

剛開始，先不必要求自己割捨被肯定的渴望，只要凡事先思考「我希望受到肯定，才想這麼做嗎」就好，試著這樣檢視自己吧！

就算不被肯定、沒有受到讚美，也請將注意力放在自己真心喜愛的事物上吧！這麼一來，心中的能量來源就不會有耗盡的一天，自然能按照自己的步伐展開行動。

除了上述事項外，在「放下心靈束縛」上，還有以下這些例子：

放下虛榮心

- 名牌、名車
- 自我優越感

放下「既有想法」

- 一定要結婚
- 一定要升遷
- 一定要賺很多錢
- 媽媽一定要很會做家事
- 一定要繼續努力

不妨放下這些心靈束縛，仔細感受每天的變化吧！

寫下想放下的東西，才能真正「放下」

然而，學習「放下」這件事，只要一不小心就很容易拖延，變成「以後再說」。因此，在我們的手帳中，每個月都有「想放下的事物」欄位，請大家記得要反覆確認。

當你在思考這個月培養感性的主題或目標時，建議也要一起寫下「想要放下的事物」。當一個人尚未習慣放下之前，可能會難以決定目標，對於自己「真的能拋開這件事嗎」、「這件事可以交給別人做嗎」感到惶恐不安。這種時候不妨仔細思考，對於實現「理想自我&目標自我」來說，哪些事其實不重要呢？當你在思考這些「不重要」的事時，其實也深具意義。

就算要多花時間也無所謂，請針對「放下」深入思考，並內化成實際的行動及認知。盡量每天早上都翻閱自己寫下的內容，加強意識，便能逐步做到放下。就結果來說，也能更接近 my pure life。

另一方面，在實踐「放下」的同時，內心也會感覺到自己真的順利放下，或是覺得似乎會對生活引起不便等，心中可能會湧現出各式各樣的感受。在每個不同時期的當下，對自己而言不可或缺的物品、心境或重要的事物等，都會有所改變，因此請大家也要記得定期更新「想放下的事物」。

第 4 章

STEP 3
自然而然產生變化

讓目標無痛融入生活

如何透過 pure life 密碼，更接近「理想自我&目標自我」？

在本章中，將教導大家如何不讓「理想自我&目標自我」淪為妄想或幻想，而是能腳踏實地的一步步接近實現夢想的具體方法；即便是擅長實現夢想的人，也可以確實加快實現的速度。

為了讓自己更接近「理想自我&目標自我」，請大家每天都要把「pure life 密碼」寫進手帳。所謂的 pure life 密碼，簡單來說，就是為了實現 my pure life 所需要意識到的事情或行為（也可說是為了接近理想生活，按月或日所立下的各個小目標）。舉例來說，假設 my pure life 是定期紓解壓力、實現健康生活，那麼，就可以把 pure life 密碼設定為「今天要想出一種紓壓的方法」。

只要每天都意識到「對今天的自己而言，什麼是 pure life 密碼呢？」運用時間的方式就會有所改變，從而使自己的生活和身心狀態，自然而然地產生正向變化。

一天裡只要花三分鐘寫下 pure life 密碼，讓自己意識到該內容，就可以充分感受到效果。所以，就算是每天被工作與家事追得團團轉，擔心自己做不到的人也可以放心。正因為大家都是忙碌的現代人，才最適合採用 pure life 密碼的思考方式。

每天花三分鐘，設定 pure life 密碼

要實現「理想自我＆目標自我」，最重要的並不是能力或才華，也不是深感自己不足而拚命吸收知識，而是藉由 pure life 密碼的思考方式，讓自己時時刻刻都意識到重要的事物。

然而，當身體狀況不佳或必須先做完該做的事時，就不需要勉強自己設定 pure life 密碼。要是每天都覺得自己非做不可，就會陷入ＴＯＤＯ思考的窠臼中，因此偶爾休息也無所謂，希望大家能以緩慢的腳步持續下去。

也許，有些人在還沒習慣設定 pure life 密碼前，會覺得不知道該怎麼設定才

好，接下來就會解說 pure life 密碼的思考方式，請大家多讀幾遍，試著寫下自己的 pure life 密碼吧！

此時要留意的是，請寫下自己當下最想重視的事物，而非看似正確的答案。持續書寫後，專屬於自己的 pure life 密碼就會越來越清晰，進而為自己帶來內心充實的感覺與改變。

當設定 pure life 密碼成為習慣之後，自身變化的速度自然就會變得更快，而且能讓人親身感受到優異的效果。不過，應該也有些人會因為開啟了嶄新的視角，而無法立即想像出自己的 pure life 密碼。

所以，這裡就要把設定 pure life 密碼的線索，區分為兩種模式來解說。請大家先閱讀一遍原本的 pure life 密碼思考方式，也就是模式Ａ。讀完後，若感覺模式Ａ的難度太高，則建議採用模式Ｂ的方法來思考 pure life 密碼，待慢慢習慣後，再升級成模式Ａ。

模式

A 為了實現 pure life 圓餅圖，必須從想法及行為開始實踐

在第三章中，曾提出的方法是以 pure life 圓餅圖為基礎，來思考 pure life 密碼。現在，請大家問問自己：為了實現自己寫在 pure life 圓餅圖內的目標，首先，可以從什麼樣的「小事」開始做起？換言之，為了更接近自己寫在 pure life 圓餅圖上的「理想自我＆目標自我」，今天要意識到什麼事呢？

接下來就要詳細介紹關於設定的順序。

1 以一個月為單位設定 pure life 密碼

首先，依照你在 pure life 圓餅圖裡所寫的內容，決定這個月要持續或需要特別意識到的事情。

舉例來說，假設你在 pure life 圓餅圖「健康／美容」的欄位中，填寫「保有八小時的睡眠，以維持健康」，那麼整個月的 pure life 密碼就可以設定為「這個月要

在晚上十一點上床睡覺」。

假設「工作」欄位中你寫的是「想要換到教育相關的工作」，就可以將 pure life 密碼設定為「這個月要讀三本心理學相關的書籍」。像這樣，將 pure life 圓餅圖中所寫的目標一一細分過程，並落實在每一個小步驟中，想像起來就會比較容易。

另外，基本上一整個月的 pure life 密碼大約設定一至三個就差不多了。

2 設定每一天的 pure life 密碼

接下來，將以「日」為單位的 pure life 密碼，落實到生活中的每一天。以剛剛設定的整個月 pure life 密碼「這個月要在晚上十一點上床睡覺」為例，那麼每天的 pure life 密碼就可以設為「今天要晚上九點沐浴」、「今天感覺要加班，晚餐買外食簡單吃就好」等。

如果是「這個月要讀三本心理學相關的書籍」，那麼每天的 pure life 密碼則建議設定成「今天要約略讀目次」、「今天午餐後要留十分鐘看書」等，每天為自己設定一個小小的進度。

剛開始時，每天的 pure life 密碼只要設定一個就好，千萬不要懷抱著雄心壯志，一口氣設定太多。

以一整個月為單位的 pure life 密碼作為前提，可能會有連續好幾天的 pure life 密碼內容都是一樣的；不過，就算都是一樣的內容，也請大家要刻意寫在手帳上。**因為唯有親自動筆書寫，才能讓大腦意識到要重視這件事，進一步提升達成率。**

另外，每天的 pure life 密碼就算設定了跟當月份 pure life 密碼無關的事物，也沒關係。舉例來說，假設你在 pure life 圓餅圖中的「生活」欄位裡寫下「希望能規律保留慰勞自己的時間」，但當天臨時想要做些別的事情時，就可以將當天的 pure life 密碼改成「下午要好好休息」，像這樣提醒自己該如何運用時間即可。

關於設定 pure life 密碼，只要養成習慣後就可以直接感受到效果變好。很多人都實際感受到，若是當天沒有設定 pure life 密碼，行動效率就會降低許多、事情變得沒有輕重緩急之分而懶散地度過一天、無法以自己為主來運用時間等。

從頁一八八開始，會詳細介紹「養成設定 pure life 密碼」的方法。

模式 B
雖然還在逃避，卻能讓自己意識到想做的事

你有沒有過類似的經驗呢？眼前明明就沒有什麼阻礙，卻忍不住一直拖延，無法做真正在乎的事情呢？

像是：該找時間整理堆積如山的文件，把不需要的東西丟掉；一段時間沒使用的訂閱服務該取消了；想做點運動，更重視健康；差不多該預約牙醫檢查了；要慢慢開始讀之前沒看的書；一直拖延著沒有傳訊息跟父母報備近況……，現在，各位讀者心裡應該都想到了一些一直該做卻沒做的事吧！

一般而言，大家會下意識拖延的事務，大部分都是生活中的整理收納、自我提升、身心健康等方面。也許上述這些事情與家事這種每天的例行公事，或是較為緊急的事項相比，採取行動的必要性比較低。不過，據說當人每次心裡浮現「該整理文件了，哎，不過還是算了」這種拖延的念頭時，都會對大腦造成負擔、增加壓力，導致專注力下滑。甚至，在事情沒做完的狀態下，心情是絕對無法變好。

或許，這些想做卻讓人不由自主拖延逃避的事情，逐項檢視後會發現，可能都只是些瑣事。不過，如果不要將這些事項視為待辦事項，而是當作 pure life 密碼寫進手帳中，就能讓人有意識地提升這些事項的優先順序，進而大幅提升執行率，完成後還能體驗到煥然一新的輕鬆感受。如此，不禁會讓人覺得自己把時間運用得很好，一整天的心情滿意度應該也會提升。

除此之外，一旦執行先前不斷拖延的事項，也能讓自己關心、注意到新的事物，進而順利展開下一個階段。舉例來說，整理好文件後，就會想要整理整個書桌、更換室內布置的風格、更仔細打掃家裡等。光是設定模式 B 的 pure life 密碼，就能讓之後的時間運用及生活方式慢慢好轉，大家一定要試試看。

以下將舉例介紹模式 B 的 pure life 密碼，供大家參考。

健康／美容

- 午休時間暫時離開電腦，外出健走。
- 一回到家就放鬆心情，悠閒泡澡。

興趣

- 在咖啡店裡放鬆看書。
- 購買當季花卉裝飾房間。

伴侶關係／愛情

- 珍惜跟孩子相處的時間。
- 向伴侶傳達謝意。

工作

- 留一段時間書寫手帳，整理當週的待辦事項。
- 思考自己接下來半年內想做的事。

- 整理、收納房間。
- 重新檢視早晨的例行公事。

無法設定 pure life 密碼時，該怎麼辦？

現在，各位讀者已經知道設定 pure life 密碼時的思考重點，只要有越多機會可以設定 pure life 密碼，就能讓人更接近「理想自我＆目標自我」，因此若能每天設定是再好也不過了。

但是，偶爾也會有必須先完成非做不可的事、身體狀況不佳無法隨心所欲行動、旅行中想要徹底休息享受的時候。因此，這種時候千萬不要勉強自己，不需要認為「一定要努力完成 pure life 密碼才行」，就算有幾天沒有設定也無妨。

另一方面，也許你也可能會遇到這個問題：儘管很想安排當天的 pure life 密碼，但怎麼也想不出要設定什麼時，又該怎麼辦呢？

首先，請先回顧當月設定的 pure life 密碼。由於大部分情況都只是因為忘記自己寫過些什麼（書寫下來就是為了提醒自己，忘了也沒關係，忘記並不是一件壞事），所以不妨先確認自己當月的 pure life 密碼內容，應該就能比較容易想到當天的 pure life 密碼。如果回顧後還是很難設定當天的 pure life 密碼，則不妨再回頭去看看當初寫下的 pure life 圓餅圖。

萬一已經設定好幾次相同的 pure life 密碼，但始終覺得提不起勁、遲遲無法行動，那麼，很有可能是 pure life 圓餅圖的內容，根本就不是自己現在最關心的事或真正的心願。所以，遇到這種時候，建議大家可以試著修改 pure life 圓餅圖的內容。

事實上，即使已經規劃好「理想自我＆目標自我」與想做的事情，也常會因為各式各樣的原因而產生改變。有些人也可能是在親筆寫下來之後，才察覺到自己真正的心意並非如此，後來才陸續進行修正。

因此，建議大家要經常重新閱讀自己以前曾寫下的目標，刪掉目前不需要的項目，再補寫上新的所需項目，使自己的目標持續進化升級。同時，也要配合新目標，修正一整個月的 pure life 密碼，才能讓每天的 pure life 密碼設定得更順利。

重點就是，時時刻刻都要意識到，讓每天、當月的 pure life 密碼符合 pure life 圓餅圖的目標，就不會因為設定不出密碼而感到煩惱；同時，也能設定出更貼近當下自我的 pure life 密碼，無須勉強就能自然而然帶來改變。因此，建議大家每一至三個月就可以重新檢視、修改之前設定的 pure life 圓餅圖。

此外，當你感到沒有精力去思考未來，或深感疲憊沮喪不已的時刻，可以將 pure life 密碼設定為「希望能更專注於善待自己」、「為了善待自己，記得準備獎勵」，也是不錯的方法。偶爾也可以加入一些類似維持七成的完成度、記得深呼吸以平穩度日、要記得好好休息，不要太勉強、享用甜點寵愛自己等內容，進而慢慢為自己培養出TO BE思考的習慣吧！

如何讓自己每天都意識到 pure life 密碼？

每天只要花三分鐘，將 pure life 密碼寫進手帳裡，讓自己意識到這件事並付諸行動，長期累積就一定能踏實地往夢想與目標邁進。正因為如此，不妨花點心思在日常生活中，養成設定 pure life 密碼的習慣吧！

在早上或前一天晚上決定 pure life 密碼

雖然無論何時都可以思考 pure life 密碼，不過還是建議大家，可以在當天早上或前一天晚上就先設定好。

如果是晚上不太能專注思考，或是喜歡憑當下直覺與心情決定事情的人，則可以在當天早上設定 pure life 密碼。不過，早上很容易會因為家裡的事情而手忙腳亂，待準備好要開始做家事或工作時，一不小心就會把設定密碼的事往後延，沒時間仔細思考，很可能一回神就已經到了下午⋯⋯。

因此，建議大家將「思考 pure life 密碼並寫在手帳」當作早上的第一件例行公事。將手帳打開，放置在枕邊、床頭櫃、書桌等處，將環境設置成一起床就可以先寫 pure life 密碼的狀態會比較好。

舉例來說，在早晨洗臉前，不妨先打開手帳，寫下當天的 pure life 密碼；或利用通勤時間，暫時將 pure life 密碼記錄在手機，等到可以打開手帳時再寫上去，也是不錯的方法。

若是無論如何早上都一定會很匆忙，沒有餘力思考 pure life 密碼的人，則建議在前一天就寢前就先寫好。事實上，如果能在前一天晚上先設定好隔天的 pure life 密碼，不僅可以在睡眠中深入記憶，而且隔天早上起來的瞬間就能意識到 pure life 密碼，進而展開一整天的活動，省下了茫然煩惱的時間。

如果選擇將設定 pure life 密碼的步驟，加入晚上的例行公事中，不妨安排在刷牙後或沐浴後、做伸展操前等，也就是在每天一定會做的例行公事前後，保留一段記錄手帳的時間，會比較容易做到。此外，也可以在回顧完一整天後，直接繼續思考隔天的 pure life 密碼並記錄下來，一定可以更順暢地完成。

請記得，思考 pure life 密碼的時間點，並沒有所謂的正確答案。有些人比較適合在早上思考，有些人則適合在晚上思考；如果想像不出自己究竟比較適合在什麼時間點思考密碼，不妨早晚都試試看吧！

透過分享，養成設定 pure life 密碼的習慣

向大家宣告自己的 pure life 密碼，也是讓人輕鬆養成習慣，並落實 pure life 密碼的方法之一。比如，可以與家人、朋友、公司小組成員等親近的人，組成 LINE 群組，每天早上互相傳送訊息也不錯。

收到別人的訊息通知時，不僅能提醒自己要記得思考 pure life 密碼，還能為其他人帶來更多靈感，像是「原來也有這樣的思考方式」、「下次我也來試試看這樣

的 pure life 密碼」。

如果覺得傳給周遭的人實在太害羞、難度太高，也可以在匿名的ＩＧ或 Twitter 等社群網路上分享，再標記「#purelifepin」的 hashtag，試著把每天的 pure life 密碼發文在社群網路上吧！

只要搜尋標籤功能，就可以看見跟你一樣標註 #purelifepin 的人所寫的內容。請大家一定要試試看標記「#purelifepin」的方法。

使用便條紙、設成桌面，讓自己能隨時看見密碼

有時候，就算在寫下 pure life 密碼的當下還記得一清二楚，但也很可能轉身即忘。不過，請不用擔心，反正我們本來就是為了提醒自己而寫下來，完全不需要強迫自己要記住，只要建立起一套能定時回想的機制即可。

比如，可以在便條紙上再寫一次 pure life 密碼，貼在當天一定會翻開的頁面（例如當天的日記頁面或寫了待辦事項的頁面），也是不錯的方法。

由於便條紙能隨心所欲地貼在任何地方，比起每次都要特地翻閱寫了 pure life 密碼的頁面，使用便條紙記錄其實更容易映入眼簾，使我們加深印象。

此外，如果工作環境不允許在白天隨時打開手帳，則建議利用手機ＡＰＰ，製作寫下 pure life 密碼的畫面，並設定成手機的背景圖片，便能隨時提醒自己。

本章中介紹各種方法，幫助大家更習慣設定 pure life 密碼，不過最重要的，還是要每天在手帳中寫下 pure life 密碼，讓自己意識到密碼的內容。如果大家能依照自己的生活型態及喜好，隨心所欲運用 pure life 密碼就太好了！

第 5 章

沒有每天寫也無妨，重點是「自我的變化」

比起養成書寫習慣，更重要的是看見「自己的變化」

本章的主題是「養成習慣」。現在就要告訴大家，讓人毫不勉強地持續執行pure life diary 理論的思考模式和訣竅。

話說回來，我們的目的並不是要大家養成書寫手帳的習慣。手帳只不過是為了讓自己有所改變的一種工具而已。

不過，在使用 pure life diary 及其他種類手帳的人們當中，應該有許多人在不知不覺間，把「持續書寫」這件事當作目的。很多人告訴我們，就算只有一天忘了寫，也會產生罪惡感，覺得自己真是糟糕，最後反而被自我否定感給淹沒。

由此可見，要是把養成習慣當作是書寫手帳的目的，那麼，手帳就會變成管理自己的工具，讓人對自己越來越嚴格。

比起刻意寫滿手帳，誠實面對自身感受才是重點

首先，請大家試著這樣思考：「使用手帳時，最重要的是自己產生的改變，而不是要養成書寫的習慣。」我們希望做到的，並不是把手帳寫得多滿、多完美，而是希望透過誠實面對自己，讓自己變成「理想自我＆目標自我」。手帳只不過是在過程中一路相伴的朋友，只是一種工具而已。

雖然大家可能會覺得，特地購買漂亮的手帳，當然會想好好使用。不過，千萬不要混淆了「工具」跟「目的」的差別，為此，不妨時常問自己：「為什麼會想使用手帳呢？」

在 pure life diary 理論中，手帳的內頁即使有空白也沒關係，因為，我們認為持續書寫並不是最重要的事。身為設計這本手帳的我們，也沒有每天都持續書寫。

事實上，非常多《pure life diary》的使用者告訴我們：「真的只要當天沒寫 pure life 密碼，就會感覺被待辦事項追著跑，完全沒辦法接近理想自我，所以就算空

白了好幾天，也會趕緊動筆繼續寫。」然而，這正是因為有過好幾天沒寫的經驗，才有辦法得到的領悟。因此目的並不是要大家每天持續書寫，而是誠實面對、觀察、感受自己，這才是最重要的。

想要做到這一點並不困難，只要留意觀察自己，就能以毫不勉強的方式帶來改變。如此一來，便能漸漸明白對自己而言，什麼樣的方式比較舒服、什麼樣的方式會感到異樣；要怎麼做，人生才能變得更好、什麼事會讓人生停滯不前。

善用大腦，無痛培養習慣

再次重申，比起養成習慣，更重要的是看見自己的變化。當大家了解這樣的思考方式後，接著，我們就要站在認知科學的觀點，介紹將 pure life diary 理論落實在習慣中的訣竅。

首先，為了養成習慣，最重要的是「不要試圖控制自己的行為」。也許很多人會大吃一驚：「咦？養成習慣，不就是必須持續付諸行動嗎？」

並非如此。實際上人類的心靈並沒有堅強到只靠動機或毅力，就能控制行為。也就是說，若想要以控制行為來養成習慣，並不會順利；或者說，就算一開始順利，也無法長久維持。

如果你曾經想要養成某項習慣卻失敗，不妨回想當時的情況。你當初是否試圖控制自己的行為呢？例如「無法持續減重」、「無法早起」、「無法持續書寫手帳」等。

由於人類的大腦基本上傾向「喜歡享樂」、「逃避痛苦」，而且會盡量避免太大的改變，所以才會造成難以養成習慣的現象。

那麼究竟該怎麼做才好呢？現在，先來了解人類的行為模式吧！

改變看待事物的方式，就能改變行為

當我們要把腦海中的想法付諸行動時，會經過下列三個步驟：

● 輸入資訊↓處理資訊↓付諸行動

在第二個步驟中的「處理資訊」，指的是你會如何處理眼前的事物，也就是「看待事物的方式」。通常人們都是依照看待事物的方式，來決定如何採取行動。

舉例來說，接受過我們指導的人們，其行為之所以能產生戲劇性的改變，並不

人類付諸行動的模式

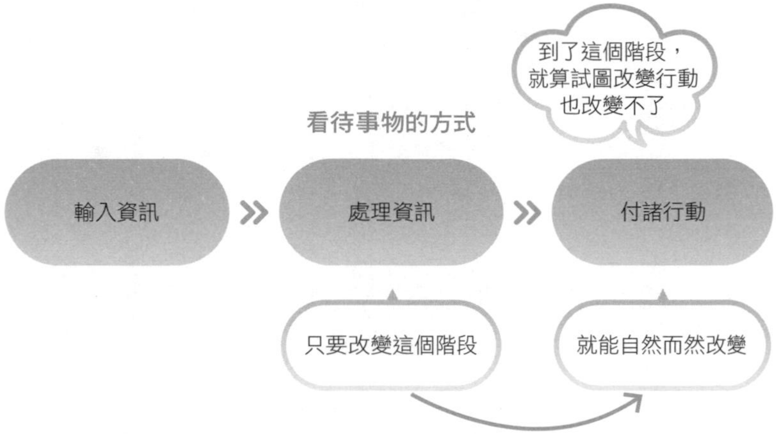
到了這個階段，
就算試圖改變行動
也改變不了
看待事物的方式
輸入資訊
處理資訊
付諸行動
只要改變這個階段
就能自然而然改變

是因為我們的指導而使行為改變。事實上，一個人每天的行為要全部都受到別人的管理，非常困難。

那麼，他們的行為為什麼會改變呢？因為他們改變了看待事物的方式，而這是決定後續行為的關鍵。換言之，**他們並不是控制行為，而是在行動前改變「看待事物的方式」，就能養成習慣。**

所以，現在就試著把這個方法運用在書寫手帳上吧！

即使費盡心思想要控制行為、努力持續書寫手帳，也很難順利持續。那麼，現在就請大家拋開控制行為的念頭，讓自己依照下列所述，一步一步有意識地改變看待手帳的方式。

- 持續書寫手帳，感覺就會有好事發生
- 感覺很快就能寫好
- 感覺很容易就能寫好
- 如果是這樣，感覺自己可以做得到
- 絕對是持續書寫比較好

藉由改變自己對手帳的看法，在書寫手帳時的心情也會有所改變，進而自然地使行為產生變化。

只要改變視角，就能加速習慣的養成

此外，累積成功的經驗也很重要。

舉例來說，不妨下定決心：「因為每天都很忙，只要花一分鐘來面對手帳就好。」並實際執行。實際執行後，也許會發現一分鐘不夠，要花三分鐘來書寫，如此一來，這就是跨出了一小步的成功經驗。藉由這樣的經驗，日常生活應該多少也會產生一些正向的改變。

接著，實際感受到功效後，由於大腦偏好收到好的回饋，便能對手帳產生一種「誠實面對手帳感覺很不錯」的看法。這麼一來，即使沒有費盡心思試圖控制自己，也能自然而然地改變行為。

只要持續付諸行動，人生就能變得更順遂，進而提升自我效能。由於「感覺自己做得到」，因此心靈所感受到的難度就會降低，如此就結果而言，自然能帶來挑戰新事物的機會，讓人可以按照自己的步伐扭轉人生，成功進入正向循環。

先前曾在第三章提到，可以利用「改變視角」的方式脫離舒適圈（詳見頁一二三），這部分也可以用「改變看待事物的視角，就能養成習慣」的概念來解釋。

如果以現在的視角來看待未來，就會覺得現在比較有臨場感，使得舒適圈停留於現在，容易讓人停滯不前，無法為理想未來付諸行動，就算想要勉強自己改變行為也無濟於事。

因此，若能把視角移至「心願都已經實現的未來」，再回過頭來檢視現在，就會感覺未來的自己，才是真正的自己，而現在的自己其實並非真正的自己，或者，現在的自己反而有點奇怪。你看，光是改變視角，就能自然而然改變行為。

以大腦感到輕鬆的方法，來養成習慣

由於我們的大腦偏好輕鬆的事情，所以會排斥脫離舒適圈。

因此，最重要的是，要從不需要依靠意志力也能輕鬆做到的小事開始，並反覆執行。藉由反覆執行小事，讓人感覺做這件事很簡單輕鬆。所以，一天只要花三分鐘，講得極端一點，一天只要花一分鐘來面對手帳即可。

另一方面，「加入目前現有的習慣」的方法，也不需要離開舒適圈，可讓人更容易養成習慣。在第四章「如何讓自己每天都意識到 pure life 密碼？」（詳見頁一八八）的段落中也曾提到，若想養成使用手帳的習慣，只要把手帳加進目前的例行公事中，例如：通勤時書寫，或刷牙前書寫等，就能更有效地養成習慣。

總而言之，想要養成書寫手帳的習慣，最重要的是，要把自己對手帳的看法改為「只要持續書寫，感覺就會有好事發生」、「只要這樣做，感覺很容易就能寫好」。

其實，大家只要閱讀本書，應該就能自然而然產生這樣的看法了。

如果你還是感到不安，不妨參考下一篇的內容，讓自己屏除多餘的執念吧！

放下執念，寫手帳才不會變成苦差事

你是不是每年都有買手帳，卻沒有一年是從頭到尾書寫完畢呢？在購買的當下充滿幹勁，但只要連續好幾天沒寫、產生空白頁之後，原先的幹勁就消失得無影無蹤呢？

應該有許多人都想妥善運用手帳，卻因為沒辦法持續記錄而感到煩惱不已吧！或許「對手帳的執念」，就是造成問題的原因。

因此，這裡要介紹的，是大家對手帳容易產生的四個執念，以及該如何屏除執念，從而輕鬆持續記錄的方法。請大家一定要參考。

執念

1 每天都要持續記錄

如果每天都能持續記錄手帳，當然是再好不過，不過，每個人一定都有忙到忘記寫，或身體不適、沒心情打開手帳的時刻。

尤其是不擅長持續記錄的人，不妨降低書寫頻率，在工作的平日與假日中，各挑一天來記錄就好。

另外，不要以「點」的角度來檢視自己是否能連續記錄一週，而是要以好幾個月、一整年的長期時間軸來看待。即便中間有些許波動，只要能細水長流就已經是很了不起的維持。所以，請試著降低心中的標準，把維持的定義從「每天持續記錄」改成「一個月有記錄八次就好」。

此外，為了降低自己沒有每天記錄的罪惡感，建議大家不妨思考：「空白也是一種記錄」。

請大家可以在事後隨意翻閱手帳，思考空白的日子裡發生了什麼事。也許那天參加了一場熱鬧歡樂的聚餐，不知不覺就玩到半夜；也許是在旅行時放鬆心情欣賞夜空，細細品味旅遊時光。這麼一來，手帳上的空白，正是當天過得非常充實的證明。

又或許，是那陣子工作繁忙、沒有閒暇時間能記錄手帳，或由於溫差過大，導致連續好幾天身體狀況不佳。因此，也可以把手帳本上的空白，視作心靈與時間失去餘裕的時刻，甚至可以成為掌握自己身體狀況不佳的佐證。

只要能像這樣轉念，認知到不是只有填滿文字才是記錄，告訴自己：「不用每天持續記錄也沒關係。」心情會變得輕鬆許多。

執念

2 字要美、手帳要裝飾得很漂亮

也許有些人對自己的字跡沒自信，覺得要在手帳上書寫文字，是一件麻煩的事。不過，手帳只是幫助自己面對自我的工具，並不會給他人看，因此不需要把手帳製作成一本漂亮的「作品」。事實上，按照平常的速度寫下未修飾的文字，更能表現出真實心情。

建議大家可以準備一枝好寫的筆、找一本光是打開內頁，就能讓心情振奮的手帳；其實，只要稍微花心思就能降低寫手帳時的壓力感。使用特地挑選的用品，便能讓手帳自然融入生活中，享受書寫的樂趣。

此外，應該也有不少人會給自己壓力，覺得一定要讓手帳如同社群網路上常見的漂亮範例般，華麗美觀。

如果喜歡使用各種色筆繪畫、利用貼紙或紙膠帶裝飾手帳的人，不妨盡情享受妝點的樂趣；不過，如果是不擅長裝飾或覺得麻煩的人，也完全不需勉強自己。

如同先前再三強調過的事情一樣，使用手帳的目的，是要讓自己誠實面對並邁向「理想自我&目標自我」，把手帳寫得漂亮，並不是最終目標。

為了讓自己養成習慣並放下虛榮心，不過度追求裝飾的華麗度，建議大家選定一款專門用來書寫手帳的文具，也是不錯的方法。

本書作者井上由香里雖然也很喜歡可愛的文具，不過她天生怕麻煩，又不擅長裝飾，每次買了文具都只是放著不用。於是，井上規定自己在書寫手帳時，都使用同一枝深黑色原子筆。這麼一來，不僅要帶的東西變少，攜帶起來也很方便，讓人更容易持續書寫，建議大家也可以試著這麼做。

執念 3 一定要寫很多內容

市面上有些手帳的設計規劃，是一天就是一整面，保留很多讓人隨心所欲運用的空間；有些手帳則是將每天可書寫的內容，限於一個小小的欄位中。無論是哪一種手帳，都能為每天的書寫帶來樂趣。

不過，你是否曾經為了想要努力填滿手帳內的空間，而勉強自己寫一堆文字呢？如果記錄太多會讓自己感到有壓力，建議以書寫的時間作為基準，而非書寫的文字量。不妨規定自己「只要在睡前寫一分鐘就好」、「午休時花五分鐘來寫」，就能順利達到記錄的目的，並帶來成就感，同時，也不會在意書寫的文字量多寡。

除此之外，一次專注於一個項目或一張頁面的方式也不錯。例如「這個月只要盡量記錄日常生活中的好事」，像這樣刻意縮小書寫內容的範圍，便能拋開要寫很多的執念，專注於感受書寫手帳的純粹樂趣。

執念

4 一定要獨自努力

人類是一種喜歡享樂的動物，因此，只靠一己之力很難真的養成習慣。為此，不妨製造出一個讓自己可依靠「他物」或「別人」來養成習慣的環境。

靈活運用數位產品就是其中之一。先前在第一章中曾提到親筆書寫的效果，建議大家親筆書寫是不變的原則。不過，如果是好不容易有瑣碎的時間，像是通勤或做家事的空檔，卻不方便直接打開手帳書寫時，不妨暫時以數位產品來代替手帳。

舉例來說，在通勤時可以先暫時將當天的 pure life 密碼，記錄在手機裡的記事APP；在做家事的空檔，雙手還潮濕時，也可以口頭呼喚智慧音箱，利用語音輸入來記錄當下的心情。

接著，待事後有機會能拿起筆時，再將儲存於數位產品中的內容記錄至手帳，這麼一來，不僅能有效利用瑣碎時間，也可以達到書寫的效果。

此外，市面上若有協助大家記錄手帳的活動，不妨積極參與，也是不錯的方法之一，因為這樣就能刻意創造出好的強制力與動機。另一方面，參與活動也能獲得許多知識及訣竅，使自己看待事物的方式產生改變，就結果而言，也能幫助自己養成習慣。

請大家參考上述的方法，排除自己對於手帳「必須怎麼做」、「非這麼做不可」的執念，享受使用手帳的樂趣吧！

定期回顧手帳內容，才能達成下一個目標

在pure life diary理論中，我們已經向大家強調了好幾次「回顧」的重要性。為了實現my pure life、前往理想生活，請大家一定要在月底預留「回顧當月成果」的時間。

藉由回顧手帳的內容，不僅能整理心靈，也能達到持續記錄手帳的效果。我個人非常喜歡這段專門用來回顧的時光，每到月底，我都會至少預留三十分鐘來進行回顧。

至於回顧的順序，首先為了培養感性，可以寫下自己做到的事，或培養感性的心得。接著，隨意條列出當月最令自己印象深刻的亮點，或有所察覺的事物。

接下來，再以當月的亮點為前提，分別精選出自己在當月做到的事、感到愉快

的事、想要更深入了解的事、希望嘗試的新事物等。

其中「當月做到的事」與「感到愉快的事」都只不過是過去的回顧而已，而「想要更深入了解的事」與「希望嘗試的新事物」，則是接下來想要做的事。換言之，我們要著重在未來，如此一來，便能自然地連接到下一件想做的事情，進而轉換出新的想法。

回顧當月發生的事情，進而掌握現在的自己，就是思考下個月該如何度過的重要指標。雖然不斷思考未來也很重要，不過更重要的是，必須定期回顧自我，才是實現 my pure life、前往理想生活的捷徑。

這樣使用手帳，才能無壓力且持久

越是想要靈活運用手帳，就越有可能陷入「非做不可」的框架，也就是說，反而更會偏向ＴＯＤＯ思考，進而對自己越來越嚴格。

如此一來，不僅精神上會感到痛苦不已，即使一開始有信心想要努力，也無法長久維持。所以，在此就要介紹幾個能讓人放鬆及採用ＴＯＢＥ思考的手帳使用法。

使用法 1 不需要立刻填滿空格

近年來，市面上販售各式手帳，除了專門用來管理日程的手帳之外，還有可以列出心願清單、附有深入了解自己的練習等設計，內容可說是包羅萬象。

尤其是那種在購買當下信心滿滿、想要把所有空格全都盡快填滿的手帳，更容易會因為時間不夠而令人倍感挫折，或遲遲想不到該寫些什麼而焦慮不已。

除此之外，如果還抱著一定要認真寫的心情來面對手帳，就會在無意識中寫下可能會受到讚美的內容，或是遠超出自己所需的理想目標，與真正的心意漸行漸遠。應該也有些人曾陷在上述的情況，進而不知不覺中，只要一想到要寫手帳就感到疲乏吧！

在剛開始寫手帳的階段，只要設定好「明確的目標」或「理想中的自我」，即使無法順利寫出來，應該也不太會感到焦慮，只要抱持原本的步調繼續寫就好。

與此相對，如果剛開始寫手帳就打算更深入了解自己，或決定以後的人生方向，其實這會對自己的心靈造成超乎想像的負擔。這種時候不妨放下手中的筆，先試著休息吧！

因為，幾乎所有人都是不斷被工作、家事、育兒等各種責任追著跑，很容易持續累積疲勞，再加上受到必須察言觀色、崇尚和諧的亞洲文化影響，大家平常都被「父母就應該這樣」、「出了社會就該如何」等「一般常識」所束縛，讓人漸漸遠離純粹的自己。

或許有些人會認為，以別人為優先本來就是理所當然，進而在不知不覺間，逐漸習慣壓抑自己真正的感受；而在這樣的狀況下，就算拚命思考自己想做什麼、努力進行本書中提到的各種練習，也只會回答出虛假的答案而已。

因此，如果你沒辦法順利使用手帳，或遲遲無法回答練習中的問題，請先好好睡一覺、享用自己喜歡的美食、藉由精油或泡澡療癒身心、盡情沉浸在自己的興趣當中，都是不錯的方法。

隨著疲勞與壓力漸漸消除，勉強自己符合一般價值觀的束縛也能逐漸褪去，從而找回真正的感受，以及打從心底重視的價值觀。

等到好好休息、逐漸找回內心真正的感受後，再從自己偏好的時間點開始書寫手帳即可。

使用法 2

有時候，沒有目標也無妨

應該有很多人都是因為想要實現目標及夢想，才想好好運用手帳吧！特地設計可以書寫目標，以一年、一個月、一週為單位所規劃的手帳，也非常受歡迎。

不過，我們並不是非得擁有目標，也不是一定要朝著目標向前邁進，當然，也不必總是抱著積極進取的心態過日子。如果真的想不出目標，那就允許自己在那個月不設立任何目標。

如果感覺到自己只是設定了金玉其外的目標、勉強自己努力，不妨參考先前在第二章提到的「保留培養感性的時間，讓五感發揮作用」（詳見頁一〇〇），先專注在自己的感官吧！這時，請不要用頭腦思考，而是要用心靈感受真正的想法及感興趣的事物；好好珍惜用心靈感受事物的時光，會比只用頭腦思考好得多。

另一方面，有些人可以接二連三地想到渴望嘗試的事情、付諸行動的目標，但有些人就是做不到。不過，這兩種人之間的差別不在於能力，而是好奇心的多寡及方向的差異而已。

當自己完全想不到接下來的目標時，千萬不要直接否定自己，建議透過本書的「價值觀的練習」（詳見頁六〇），寫下「理想自我&目標自我」及重視的事物。事實上，讓自己的理想未來變得更明確，更清晰意識到理想的未來，也是一個很了不起的目標。

當腦海中浮現不出想做的事情、具體方向和目標時，手帳上的目標欄位不妨就直接空白，試著寫出理想自我或目標自我吧！

使用法

3 寫下負面情緒也沒關係

平常越是認真的人，除了會抱持著一定要定下目標往前邁進的想法之外，也很容易產生「一定要隨時保持積極」、「絕對不可以吐苦水」或「抱怨」等不切實際的幻想。

pure life diary 中囊括的理論，都是依據大腦與心靈的反應機制所設計，因此刻意不寫做不到的事或反省自己，請大家將注意力放在「好事」及「自己做到的事」上。但是，這並不代表我們就不能產生負面情緒。

最重要的，並不是找出不讓自己變得負面的方法，而是希望大家不要壓抑負面情緒，才不會錯失內心真正的想法；同時，不要花太多時間圍繞著同樣的問題打轉，盡可能縮短鑽牛角尖的時間。

因此，不妨將負面情緒化成言語具體寫出來，讓自己察覺到「原來我不喜歡這樣」，這麼一來不僅心情會變得舒坦，有時也能靈光一閃想到解決的方法呢！

那麼，該如何養成接納負面情緒的習慣呢？方法有兩種。第一種是在進行當天回顧時，無論是正面或負面情緒都沒關係，只要將腦海中浮現出的事物直接寫出來就好。

第二種則是在自己安靜獨處時，透過第二章中介紹的「情感練習」（詳見頁九三），確實感受情緒起伏。

此外，也可以空出一段讓自己感受負面情緒的時間，像是「每天晚上九點後可以想一些負面的事情」，據說這個方法也很有效。刻意把思考負面感受的時間排進行程表裡，就等於是拿到了一張允許悲觀的許可證，光是這樣就能讓心情變得輕鬆。

若是擔心上述行為會讓自己之後翻閱手帳時，產生不好的情緒，建議大家可以另外準備一本筆記本，專門用來記錄煩心的事情，或是寫在手帳中區隔開來的空間也不錯。情緒起伏就跟心跳有快慢一樣，都是再自然不過的事情，千萬不要刻意壓抑負面情緒。

我們先前也再三強調過，在 pure life diary 理論中，「善待自己」是非常重要的主旨。

當感覺沒辦法順暢寫手帳時，就先試著讓自己好好休息吧！不要強迫自己訂定目標，不妨靈活運用手帳。不要壓抑負面情緒，坦誠面對自己的感受。請大家特別留意這些要訣，以善待自己的TO BE思考來使用手帳吧！

只要像這樣，誠實面對自己的內心，自然就能更接近理想生活，進而感到越來越幸福。

結語

不要猶豫，現在就開始三分鐘書寫吧！

非常感謝各位閱讀到本書的最後。讀到這裡，不知道這本書為你帶來了什麼想法呢？

如果這本書能讓你感覺到「我應該也做得到」、「變得好期待用手帳」、「感覺我的人生可以變得更好」，那就太好了。實際上，許多採用了 pure life diary 理論的人，都產生了各式正向改變，而且都是以「善待自己」的方式慢慢有所好轉。

不過，也有些人平常就根深柢固地認為自己一定要正確、完美不可，無論如何都沒辦法扭轉自己的想法。像這樣認真又努力的人，看完這本書後也許會覺得「對我來說可能會有點困難」、「我真的可以改變嗎？」。

不要緊，因為 pure life diary 囊括的理論就是「絕對不會放棄任何一個人」。

感到徬徨不安時，就翻開這本書吧！

當你遇到挫折時，請打開這本書吧！相信你一定可以從書中找到解決煩惱的線索。看完之後，應該就可以了解自己為什麼會感到不安、為什麼遲遲沒辦法朝向新事物付諸行動，並找到解決的方法。

沒錯，這本書雖然是一本專為手帳所寫的書，但內容並不僅止於使用手帳的方法。這是一本會讓人生自然而然產生改變的書。藉由反覆翻閱本書，能讓你看到在當下最需要的語句，為自己帶來全新的觀點與發現。

話雖如此，有時可能還是無法光靠自己就找到解決的線索。這時，請大家一定要拜訪我們的官網、pure life diary 的社群網路，或搜尋相關的標籤。

只要看到那些正在實踐 pure life diary 理論的人們，一定可以從中得到些許提示，獲得繼續向前的鼓勵。若你看完官網及社群網路的文章，卻還是不明白自己該怎麼做時，千萬不要一個人獨自煩惱，請與我們聯絡吧！我們為大家準備了讀者專用的 LINE 帳號（在 LINE 搜尋 @325xaybt，僅能使用日文），歡迎多加利用。相信大家一定可以從中得到力量。

試著想像實現「理想」及「目標」的未來

最後，我們想跟大家聊聊有關未來的事情。請大家想像，當理想自我與目標自我都已經實現的未來。請花點時間，閉上雙眼想像……。

你看到什麼樣的畫面？
你是一個人嗎？
你跟誰在一起呢？
你待在什麼地方？
你過著什麼樣的生活呢？

請大家細細品味那些浮現於眼前的畫面、聽到的聲音、身體的感覺與心情等。然後，請不要忘記現在所感受到的一切。

接下來的每一天，都把這些感覺放在心上吧！

現在，你即將實現那些腦海中浮現出的畫面。正因為是可以實現的事物，你才能想像得出來。因為時間並非位於現在的延長線上，而是會流向未來，所以我們可以打造出理想中的自我，以及目標中的自我。

請大家一定要相信自己充滿可能性。先要接受自己、相信自己，未來才會開始有所改變。

我們所勾勒出的未來，即「活在 pure life ＝ 前往理想生活」的循環，會像是漸層暈染般逐漸擴大；而擴大的幅度不僅是到你所在的地方，甚至是全世界。我們認為，你一定也會置身於這個好的循環之中，就讓我們在過著 pure life 的未來中相見吧！

本橋平祐

井上由香里

附錄

一百種常見的強項清單（使用方法詳見頁一三〇）

	強項	說明
邏輯思考	創意發想	從無到有想出新事物。
	聯想能力	將不同的事物連結起來，構想出全新的點子。
	綜合規劃能力	想出比現有想法更好的主意。
	編輯企劃能力	擅長整理資訊，從有趣的切入點替換資訊。
	調整抽象程度能力	在思考時，可提升或降低某事物的抽象程度。
	回顧自省能力	可以讓自己靜下心來思考反省、進行回顧。
	有邏輯的思考力	可以有邏輯地思考事物。
	想像力	無論是人、事、物、真實或虛假，都可以隨意想像。
	個別化的思考能力	能配合每個人的差異，想出最適合別人的方法。
	擴大思考的能力	擅長將目前的議題擴大思考，舉一反三。
觀察	掌握關鍵的能力	擅長觀察，掌握最重要的本質與重點。
	掌握整體的能力	能從少量的資訊中，充分掌握整體情況。
	結構化的能力	可以整理出資訊的結構。為某事物做出定義，歸納出「構成要素」及「構成要素之間的關聯」。

觀察	糾錯能力	擅長找出錯誤或缺點。
	優點觀察力	面對任何事物，都能自然而然看到正向積極的一面。
	找出瓶頸的能力	擅長找出妨礙事情進行的原因。
	分析歸納的能力	擅長分析、歸納模式，擁有把事物整理得簡潔易懂的技巧。
	情緒觀察力	擅長觀察、了解對方的心情狀態。
	綜觀全局的能力	能從較高的角度，廣泛觀察事物的全貌。
	假設的能力	擅長假設，精準度高。
書寫	圖解能力	擅長製作圖表說明。
	設計能力	擅長製作出具有設計感的物品。
	思考輸出力	擅長書寫出自己的想法，推動事物前進。
	邏輯寫作力	擅長有邏輯地整理並寫成簡單易懂的文字。
	筆記力	活用筆記，讓事物順利進行。
	文案力	擅長寫出一句吸引人的文案。
	正確寫作力	擅長書寫正確無誤的文章。
	抒情寫作力	擅長書寫文情並茂的文章。
	採訪寫作力	擅長採訪並寫成文章。

類別	能力	說明
書寫	行銷寫作力	擅長書寫行銷物品或消費性的文章。
聆聽	傾聽力	能持續傾聽別人說話。
	絕佳音感	擁有絕佳的音感。
	提問力	擅長詢問。
	同感能力	能表達自己與別人有同感，使事物順利進行。
	接納能力	無分好壞，都可以接納事物與他們的感受（無須有同感）。
	平靜傾聽的能力	不以自己的標準做出評論，能平靜傾聽別人的話語（無須接納別人的感受）。
言語表達	情感豐沛的表達力	擅長用言語感動別人。
	簡單易懂的表達力	擅長將困難的事情，表達得容易被人理解。
	有邏輯的表達力	有邏輯的口語表達能力。
	辯駁力	找出對方話語中的漏洞，以有邏輯的方式辯駁。
	擴展話題的能力	可以從一個主題擴展出廣泛的話題。
	深入表達力	可以深入探究一件事並用言語表達出來。
	即興表達力	可以即興滔滔不絕地說出有內涵的言論。
	統整表達力	可以用簡潔易懂的方式統整表達。

言語表達	講話有分寸的能力	可以依照當下氣氛拿捏説話分寸，妥善統整表達，不會讓別人心存芥蒂。
	主持能力	主持、打圓場的説話能力優異。
感受	情緒感受力	在不刻意的狀態下，就能自然而然地察覺到他人的情緒狀態（自動發揮能力）。
	情緒共感力	可以跟別人處於一樣的心靈狀態。
	情緒問題推測力	可以了解別人情緒出了狀況（感覺怪怪的、不是説真心話）。
	鼓舞能力	就算是未知的挑戰，也能鼓舞自己可以做得到。
	直覺力	擁有精準的直覺，只要依照直覺行動就能順利。
	嗅覺	擁有精準的嗅覺。
	味覺	擁有精準的味覺。
	觸覺	只要觸摸，就能了解到許多事情。
	審美觀	具備可以區分有美感、高價物品的能力。
	預知能力	知道未來會發生的事。
情感思考	慎重	採取行動前一定會反覆確認、留意風險，因此能獲得成果，不容易失敗。
	信念	不受周圍的權勢影響，能依照自己的信念付諸行動。

情感思考	協助別人成長	擅長幫助別人做原本做不到的事，協助別人有所成長、改變。
	重回初衷	可以重回初衷，從歷史、經歷開始思考。
	競爭心	喜歡與別人競爭，處於競爭環境中更能發揮能力。
	偏好追求極致	特別喜歡呈現出高品質成果，對細節有所堅持；喜歡追求極致。
	社會性思維	在為整體社會思考、而非只為自己時，特別能發揮自身能力。
	奉獻式思維	為了別人而行動時，特別能發揮自身能力。
	掌控者思維	喜歡掌握現場的主導權、隨心所欲安排事物，發揮傑出的表現。
	未來視角	可以站在未來的角度來思考一切。
行動	專注力	可以廢寢忘食地專注於一件事情當中。
	複製重點	可以擷取出事物的重點，並立刻化為己用，實際體現。
	沉浸力	可以深入沉浸在自己的世界觀，以非言語的方式傳達給周遭的人們。
	達成力	具備順利達成事務的能力。
	持續力	擅長腳踏實地持續進行例行公事。
	轉換舒適圈的能力	可以毫不抗拒地嘗試全新的環境與挑戰。
	多元執行力	可以同時推動好幾個企劃進行。
	瞬間爆發力	果斷，凡事都能雷厲風行地踏出第一步。

行動	修正力	有能力修正已經執行的事項。
	妥善執行的技巧	任何事都能妥善做到八十分的水準。
	腳踏實地	以腳踏實地的行動，來獲得良好成果。
	忍耐力	具備堅強的忍耐力，對事物努力付出。
知識	協助力	在協助別人時，最能發揮自身能力。
	環境適應力	即使環境變換，也能立即適應。
	一絲不苟	中規中矩，連細節都很仔細面對。
	競爭力	擅長在既有的框架下，找出獲勝的方法。
	吸收力	可以輕鬆吸收大量的資訊與技巧。
	蒐集力	可以蒐集大量的事物、資訊，獲取所需的資訊。
	好奇心	可以不斷發現自己有興趣的事物，讓自己的世界觀越來越寬闊。
	學習欲	因為自己想要學習、提升技巧的欲求而習得技能。
	記憶力	擅長將看到的事物，長久留存於記憶之中。
溝通	協調力	掌握人與人之間的利害關係與情緒，將事情調整到彼此都能接受的方向。
	統治力	可以將所有人的想法和制度，引導至同一個方向（並非即時）。
	領導力	可以讓整個團體，抱持相同的規律。

溝通	
建構人際關係	擅長建構人際關係。
交涉力	具備優異的交涉協調能力。
掌握人心	可以牢牢抓住人心，擅長按照自己的意思操控他人的想法。
幕後推手	擅長讓自己隱身幕後，推動事物進行。
打圓場	在各種場合下都能緩和氣氛。
讀取人心	擅長讀取別人的心意。
培育力	擅長培養後進人才。
陪伴力	懂得體察別人的心情，在身旁給予陪伴。
身段柔軟	隨著當下的氣氛、任務、要求，能有彈性地轉換自己的身分，從而達成溝通的目的。
群眾魅力	具有吸引大眾人心、不可思議的魅力。

心靈漫步

改變人生的3分鐘書寫

成功案例不斷！拿起筆開始寫，願望就能成真

2023年11月初版　　定價：新臺幣360元

著者	本橋平祐
	井上由香里
譯者	林慧雯
叢書主編	陳永芬
校對	陳佩伶
內文排版	葉若蒂
封面設計	鄭婷之

副總編輯	陳逸華
總編輯	涂豐恩
總經理	陳芝宇
社長	羅國俊
發行人	林載爵

出版者	聯經出版事業股份有限公司
地址	新北市汐止區大同路一段369號1樓
叢書主編電話	(02)86925588轉5306
台北聯經書房	台北市新生南路三段94號
電話	(02)23620308
郵政劃撥帳戶第0100559-3號	
郵撥電話	(02)23620308
印刷者	文聯彩色製版印刷有限公司
總經銷	聯合發行股份有限公司
發行所	新北市新店區寶橋路235巷6弄6號2樓
電話	(02)29178022

行政院新聞局出版事業登記證局版臺業字第0130號

本書如有缺頁，破損，倒裝請寄回台北聯經書房更換。　ISBN 978-957-08-7139-5 (平裝)
聯經網址：www.linkingbooks.com.tw
電子信箱：linking@udngroup.com

人生の純度が上がる手帳術
JINSEI NO JUNDO GA AGARU TECHOUJUTSU

Originally published in Japan in 2022 by Discover 21, Inc., Tokyo
Traditional Chinese translation rights arranged with Discover 21, Inc., Tokyo through
Keio Cultural Enterprise Co., Ltd., New Taipei City.

國家圖書館出版品預行編目資料

改變人生的3分鐘書寫：成功案例不斷！拿起筆開始寫，願望就能成真/本橋平祐、井上由香里著．林慧雯譯．初版．新北市．聯經．2023年11月．236面．14.8×21公分（心靈漫步）
譯自：人生の純度が上がる手帳術
ISBN 978-957-08-7139-5（平裝）

1.CST：生活指導 2.CST：自我實現

177.2 112016244